Nicolas Hoffmann

Wie man wird, was man schon immer sein wollte

NICOLAS HOFFMANN

Wie man wird, was man schon immer sein wollte

Ganz legale Psychotricks

KREUZ

Für Infaustus

Inhaltsverzeichnis

Vorwort

Ich schreibe dieses kleine Buch, weil es mich immer wieder überrascht, wie wenig die Psychologie, die richtige, wissenschaftlich fundierte Psychologie, in das alltägliche Leben der meisten Menschen Eingang gefunden hat.

Dabei ist Wissenschaft populär. Viele zerbrechen sich, zusammen mit Stephen Hawking den Kopf über Schwarze Löcher, sie spekulieren über die Gründe des, zugegebenermaßen betrüblichen, Verschwindens der Dinosaurier oder versuchen sich den Stand der Nahverkehrsmittel im Jahre 3050 vorzustellen. Aber über das gut gesicherte Wissen, das wir über Menschen und über ihr Zusammenleben haben, wissen sie recht wenig Bescheid. So können sie es auch nicht nutzen, und das bei Problemen, bei denen es um sehr viel für sie geht.

Orientierungen werden viel häufiger in der Astrologie, im »positiven Denken« und ähnlich windigen Angeboten gesucht.

Deshalb möchte ich hier versuchen, eine Anzahl wichtiger Fragen, die im Grunde jeden Menschen betreffen, etwas weniger willkürlich zu behandeln: Wie können wir uns selbst zum Positiven hin verändern, wie lassen sich Konflikte auf eine humane und dennoch wirkungsvolle Art lösen, wie sollten wir mit schwierigen Menschen und nicht zuletzt mit uns selbst umgehen?

Zugegeben, das ist möglicherweise ein wenig anspruchsvoller als die üblichen Rezepte, aber dafür mag es für den einen oder anderen tatsächlich hilfreich sein. Vielleicht macht es auch neugierig auf ein wenig mehr, denn es gibt in der Psychologie noch vieles zu entdecken. Das gilt ausnahmsweise für alle Tierkreiszeichen.

Berlin, im November 1999 *Nicolas Hoffmann*

Selbstverteidigung im Alltag

Teamgeist

Teamarbeit, und als Voraussetzung dafür Teamgeist, gehören zu den viel gepriesenen Idealen unserer Zeit. Dabei haben sie mit Sicherheit ihren Ursprung im Jagen in der Meute. Die Beute zu erlegen erscheint dabei allen Jägern gleich vorteilhaft. Die Aufmerksamkeit eines jeden ist auf ein gemeinsames Ziel gerichtet, existierende Rivalitäten kommen im kollektiven Verhalten nicht zum Tragen. Jedes einzelne Individuum darf sogar mit dem Einverständnis der anderen diejenigen Eigenschaften voll zur Geltung bringen, die es auszeichnen. Bei dem einen ist es die Übersicht, bei einem anderen die Schnelligkeit. Man wird es nicht daran hindern, solange es zum Nutzen aller gereicht. Ein untereinander verbündetes Wir ist bestrebt, für kurze Zeit der Umwelt geschlossen gegenüber zu treten.

Wer eine Gruppe von Lebewesen – und Menschen bilden dabei keine Ausnahme – immer nur bei solchen Anlässen beobachten würde, könnte sich leicht der Illusion hingeben, Sorge um das Gemeinwohl, Respekt vor den Fähigkeiten der anderen und Kooperation bei der Bewältigung gemeinsamer Aufgaben seien die Hauptmotive ihres alltäglichen Verhaltens.

Wer davon überzeugt ist, dass dem so ist, und dies anhand der wichtigsten Episoden seines vergangenen und gegenwärtigen Lebens zu belegen vermag, kann die Lektüre des vorliegenden Buchs getrost an dieser Stelle abbrechen. Ich entlasse ihn mit Bewunderung und auch mit Neid, muss ich gestehen, in seine alltägliche Idylle. Doch wir, die anderen, müssen weitermachen, ob wir wollen oder nicht.

Sobald die gemeinsame Beute zerlegt und verteilt ist (gesetzt den Fall, die Verteilung findet nach von allen akzeptierten Regeln statt), geschieht nämlich eine merkwürdige Veränderung. Bei der Jagd, so haben wir festgestellt, tritt eine geschlossene Gruppe solidarisch der Umwelt gegenüber auf, die im Wesentlichen aus der Beute besteht. Auf menschlicher Ebene gibt es viele Formen von Jagd und viele Arten der Beute. Wie sieht es aber danach aus? Jedes Lebewesen wird wieder zu einem Teil der Umwelt des anderen. Der Einzelne setzt sich neue Ziele. Dabei kann der andere ihm nach wie vor als potentiell hilfreich erscheinen, aber unter Umständen auch als jemand, der ihm in den Weg gerät. Ja, der andere mag direkt zu jemandem werden, der ausgebeutet werden kann, wenn es der momentanen eigenen Bedürfnislage dienlich ist.

Dabei haben die anderen unglücklicherweise die Tendenz, die neue Situation wiederum aus ihrer Perspektive zu definieren, d.h., sie können zurückschlagen. Neue Allianzen bilden sich dabei, alte Rivalitäten brechen wieder auf – und auf einmal sind wir wieder mitten im Leben, wie wir es alle die meiste Zeit kennen gelernt haben und noch immer kennen lernen.

Mit dieser Lage der Dinge wollen wir uns weiter beschäftigen. Doch zuvor müssen wir kurz über die grundlegenden Bedürfnisse der Menschen sprechen.

Die Bedürfnisse des Menschen

Versuchen wir die vielfältigen Bedürfnisse, die Menschen haben, zu ordnen, so können wir mit Abraham Maslow von den grundlegenden zu immer komplexeren gelangen.

Die elementaren Bedürfnisse, die den unmittelbaren Erhalt des Menschen als Lebewesen zum Ziel haben, sind *physiologische Triebe wie Hunger, Durst, das Bedürfnis nach Sauerstoff und so weiter*. Sie sind an der Basis unseres gesamten Motivationssystems. Herrschen Unsicherheit oder gar Entbehrungen auf dieser Ebene, so strebt der Mensch nach nichts anderem als hier Abhilfe zu schaffen.

Gibt es keine Probleme in diesem Bereich, so fangen die nächsthöheren Bedürfnisse an, eine bedeutsame Rolle zu spielen. Eine der wichtigsten Bestrebungen, die über den unmittelbaren Lebenserhalt hinausgeht, ist ein allgemeines *Bedürfnis nach Sicherheit*. Menschen fühlen sich am wohlsten in einer Umgebung, die einen gewissen Grad an Stabilität und Ordnung aufweist. Nur dann, wenn die Verhältnisse Sicherheit bieten und ihre weitere Entwicklung einigermaßen vorhersehbar ist, empfinden sie das Mindestmaß an Schutz und Geborgenheit, das ihnen erlaubt relativ angstfrei zu leben. Die Struktur der Umgebung, die ihnen dieses positive Gefühl geben kann, betrifft sowohl das nähere soziale Gefüge, in dem sie leben, wie Familie, berufliches Milieu und so weiter, aber auch ihren erweiterten Lebensumkreis wie die gesellschaftlichen Verhältnisse und die politische Lage. Am dramatischsten lassen sich die Auswirkungen des Sicherheitsbedürfnisses bei Kindern beobachten, wenn ihre Welt durch Trennung, Krankheit oder Veränderungen der Umgebung aus den Fugen gerät. Aber auch bei Erwachsenen kann anlässlich von persönlichen Krisen wie Partnerverlust, Arbeitslosigkeit oder gesundheitlicher Schädigung das Streben nach Ordnung und Sicherheit dermaßen in den Vordergrund treten, dass es das gesamte Motivationssystem beherrscht.

Wenn sowohl die körperlichen Bedürfnisse wie die Sicherheitsbestrebungen zufrieden stellend erfüllt sind, fängt das *Bedürfnis nach Liebe, Zuneigung und Zuwendung* an, eine zentrale Rolle zu spielen. Nun wünschen Menschen sich einen festen Platz in einer Partnerschaft oder in einer Gruppe, die andere wichtige Personen enthält. Ein zentrales Motiv für viele Handlungen wird es sein, mit allen Mitteln Kritik, Ablehnung oder Einsamkeit zu vermeiden. Die Frustrierung dieses Bedürfnisses nach Liebe oder Zugehörigkeit ist eine der wichtigsten Ursachen von schmerzhaften Zuständen, vom Unglücksgefühl bis hin zu schweren psychischen Erkrankungen wie Angstzuständen oder Depressionen.

Bedürfnispyramide nach Maslow

Das nächsthöhere in der Bedürfnishierarchie ist der *Wunsch nach Achtung*. Einmal will man für die eigenen Qualitäten und Leistungen anerkannt werden. Daraus kann ein Gefühl der Selbstzufriedenheit und der Stärke abgeleitet werden, das eine eminente Rolle im seelischen Haushalt spielt. Aber auch Bedürfnisse nach Aufmerksamkeit, Bedeutung und Wertschätzung bis hin zu Gelüsten nach Ruhm und nach Macht können im Vordergrund stehen. Die gesündeste Form der Selbstachtung ist allerdings die, bei der der verdiente Respekt seitens anderer im Vordergrund steht, das heißt eine Achtung, die der effektiven Leistung gilt. Anders verhält es sich, wenn man Bewunderung und Dominanz um jeden Preis anstrebt, auch völlig unabhängig von jedem wirklichen persönlichen Verdienst.

Das höchste Motiv in der Bedürfnispyramide ist das *Streben nach Selbstverwirklichung*. Dabei will das Individuum seine ureigensten Fähigkeiten, Talente und Vorlieben aktivieren und realisieren. Wenn allen anderen Bedürfnissen einigermaßen genüge getan ist, wird der Wunsch wach, in einer Welt zu leben, die diese höchste Form der Selbsterfüllung erlaubt und sogar fördert. Immer mehr zu dem werden, der man wirklich ist, ist vielleicht das höchste menschliche Bestreben und damit der beste Garant für psychische Gesundheit und persönliches Glück.

Diese Hierarchie der Grundbedürfnisse stellt ein gutes Modell dar, um die menschliche Motivationsstruktur deutlich zu machen, gleichwohl sie nicht als starr und unverrückbar angesehen werden darf. Wenn die Befriedigung der elementaren Bedürfnisse nach dem unmittelbaren Lebenserhalt gewährleistet ist, so bildet das Sicherheitsbedürfnis eine kritische Größe für alle anderen. Je nachdem wie ausgeprägt es ist, wird der Anspruch in den anderen Motiven dem Leben gegenüber mehr oder weniger groß sein. Jemand mit einer sehr starken Tendenz zur Absicherung wird sich zum Beispiel in einer Beziehung zu anderen schon dann bedroht fühlen, wenn er glaubt, auch nur das geringste Zeichen an Desinteresse ihrerseits wahrgenommen zu haben. Jemand, der nur dann einigermaßen ausgeglichen ist, wenn er sich der Achtung aller für ihn wichtigeren Menschen gewiss ist, wird sie richtiggehend mit Argusaugen überwachen und ständig nach Zeichen ihrer Wertschätzung Ausschau halten. Schließlich wird jemand, der glaubt, zu etwas Höherem bestimmt zu sein, ständig Lebensbedingungen einfordern, in denen er im Zentrum steht und die ganz um die Einzigartigkeit der eigenen Personen herum organisiert sind.

Jede Situation im Leben eines Menschen lässt sich dadurch bestimmen, welche Bedürfnisse aktiviert sind und sein Verhalten lenken. Darüber hinaus hat er aufgrund früherer Erfahrungen und des Wissens, das er sich angeeignet hat, bestimmte Vorstellungen darüber, wie seine Ziele am besten realisiert werden können. Dabei ist es durchaus möglich, dass in der einen oder der anderen Bedürfnislage widersprüchliche Tendenzen entstehen.

An einem lauen Sommerabend fühlt Herr Butz plötzlich ein starkes Bedürfnis, die Wohnung zu verlassen und Menschen aufzusuchen, zum Beispiel solche, die sich auf Kneipenterrassen niedergelassen haben und sicherlich offen für ein Gespräch sind, ja, sogar unter Umständen für eine nähere Bekanntschaft. Die innere Verfassung des Herrn Butz an diesem Abend könnte man geradezu als Abenteuerlust bezeichnen, und das ist sehr aufregend.

Doch fast gleichzeitig regt sich eine andere Seite in ihm. Abenteuer sind mit Kosten jeglicher Art verbunden. Die einen sind abzusehen und kalkulierbar, beispielsweise die finanziellen Ausgaben, die ein Abend außer Haus mit sich bringt. Andere sind weniger oder gar nicht vorhersehbar. Man liest so viel über Überfälle in der Dunkelheit. Kann er so etwas riskieren?

Oder ein plötzliches Unwetter und eine voll durchnässte Kleidung. Darf so etwas sein, bei seiner etwas angeschlagenen Gesundheit? Die Wohnung allein lassen? Was ist mit den Einbrechern? Und schließlich mögliche seelische Ausgaben, die schlimmsten und die, die am wenigsten abschätzbar sind. Was ist, wenn er eine Frau trifft, die ihm gefällt und die nichts von ihm wissen will? Schon wieder eine Enttäuschung. Kann er sich so etwas noch einmal zumuten?

Aber diese Luft. An einem solchen Abend ist alles möglich. Wie sieht der Himmel aus? Was ist von dieser Wolke zu halten? Der Abend schreitet voran. Wunsch nach Nähe gegen Sicherheitsbestreben. Viele Bedürfnisse hat der Mensch, und so manch eine Erfahrung. Wer kennt den Ausgang?

Die Ursachen zwischenmenschlicher Konflikte

Eben haben wir einen Konflikt gesehen, der sich innerhalb eines einzelnen Menschen abspielt und dadurch zustande kommt, dass seine Bedürfnislage uneinheitlich, ja sogar widersprüchlich sein kann. Es findet dann richtiggehend ein »Kampf der Motive« statt, und das stärkste setzt sich in der Regel durch.

Doch ein anderer Typ von Konflikten wird uns weit mehr beschäftigen. Es sind Konflikte zwischen verschiedenen Menschen, in Zweiergruppen wie Partnerschaft, in Kleingruppen wie der Familie, in Betrieben und Vereinen oder in Gruppen, die sich zeitweilig mehr oder weniger zufällig bilden wie an der Tankstelle. Wodurch kommen solche Konflikte zustande?

Fangen wir mit dem einfachsten Fall an. Zwei oder mehrere Menschen haben zwar ein gemeinsames Ziel, aber ganz unterschiedliche Vorstellungen darüber, wie es am besten zu erreichen ist.

Ein Elternpaar hat ein gemeinsames Anliegen, nämlich den 12-jährigen Sohn optimal zu fördern und damit möglichst gut auf sein weiteres Leben vorzubereiten.

Er muss ein tüchtiger Mann werden, meint der Vater, dann wird er sein Leben schon meistern. Dazu gehören selbstverständlich gute Leistungen in der Schule, aber auch Energie und Ausdauer. Er soll Sport treiben, damit er kräftig wird. Auch ein Gewaltmarsch mit den Pfadfindern von Zeit zu Zei, kann Wunder wirken. Alles andere ist Firlefanz und Zeitverschwendung. Vor allem soll er lernen, sich nichts gefallen zu lassen und sich durchzusetzen. Ellenbogen muss er haben, sonst wird nichts aus ihm. Zu Weihnachten bekommt er ein Abo für das Fitnessstudio, dann kriegt er endlich Muskeln.

Die Mutter ist da ganz anderer Ansicht. Vielleicht wird auf die Art ein »Mann« aus ihm, denkt sie, aber man sieht ja, was eine solche »Männergesellschaft« uns beschert. Nur Krieg, Streit, Unfrieden und Ausbeutung der Schwächeren. Er soll ruhig seinen Harfeunterricht weiter besuchen. Er muss sich für das Schöne offen halten, um nicht zu einem engstirnigen Karrieremenschen zu werden wie sein Vater. Im Umgang mit anderen soll er feinfühlig und zart bleiben, wie ich es ihm vormache. Rabauken gibt es genug. Er ist etwas ganz besonderes und soll es auch bleiben. Mein Gott, wie gut ihm doch der neue weiße Angorapulli steht.

Jeder der beiden wird von seiner Lebensgeschichte, von seinen Idealen und von den Einflüssen, denen er heute ausgesetzt ist, geprägt. So entwickeln sie fast diametral entgegengesetzte Vorstellungen davon, wie ihr gemeinsames Ziel zu realisieren sei. Ahnen Sie, wer der Leidtragende dabei ist?

Die zweite, die häufigste und gleichzeitig brisanteste Form von zwischenmenschlichen Konflikten besteht darin, dass verschiedene Menschen zum selben Zeitpunkt, d.h. im Umgang miteinander, unter dem Einfluss ganz unterschiedlicher Bedürfnisse stehen. Ihre jeweiligen Interessen stoßen dann oft sehr hart aufeinander, und es geht zur Sache. Davon wird ab jetzt hauptsächlich die Rede sein.

Akute und chronische Konflikte

Akute Konflikte sind selten zu übersehen. Sie brechen, oft mit großer Vehemenz in unser Leben ein und konfrontieren uns schlagartig mit einer Situation, die uns die Ruhe raubt und unseren seelischen Haushalt in Unordnung bringt. Sie entstehen sozusagen durch Begegnung: Wir treffen auf andere, die Bedürfnisse haben und Interessen verfolgen, welche mit unseren auf Kollisionskurs stehen.

Andere Konflikte sind subtilerer Art. Sie lodern nicht auf, wie die ersten, sondern gleichen mehr einem Schwelbrand. Oft werden sie von den Beteiligten lange Zeit nicht als Konflikt identifiziert. Manchmal haben Menschen mehr das Gefühl, dass etwas zwischen ihnen nicht stimmt, ohne es klar dingfest machen zu können. So wird auch keine Lösung angestrebt. Alles bleibt beim Alten und für alle unbefriedigend. In einem anderen Fall hat jemand in zunehmendem Maß den Eindruck, nicht zu seinem Recht zu kommen, unternimmt nichts und lässt die Dinge weiter treiben.

Eine besondere Form der chronischen Konflikte ist die schwierige Beziehung zu Menschen, die man mit

Fug und mit Recht als »ermüdend« bezeichnen kann. Ermüdend ist im wörtlichen Sinne zu nehmen. Jeder hat in seiner Umgebung bestimmte Personen, denen er so gut es geht aus dem Weg gehen will, obwohl das durch die Umstände oft schwer möglich ist. Analysiert man den Einfluss, den sie auf einen haben, so fällt auf, dass sie einen in vielen Fällen in irgendeiner Weise bedrohen. Dann ist die Antipathie, die wir ihnen gegenüber empfinden, verständlich. Andere hingegen bedrohen uns nicht, noch könnten sie uns je gefährlich werden. Im Gegenteil: Oft ist ihr Verhalten uns gegenüber auf den ersten Blick ausgesprochen positiv. Sie behaupten, dass sie uns helfen wollen, sparen nicht mit Komplimenten. Aber wir merken immer wieder: Nach kurzer Zeit des Umgangs mit ihnen fühlen wir uns wie ausgelaugt und der Erschöpfung nahe. In anderen Worten: Sie kosten uns immer wieder sehr viel Kraft. Es muss offensichtlich in der Beziehung zu ihnen irgendetwas nicht stimmen und man muss etwas genauer hinsehen, um die belastenden chronischen Konflikte zu identifizieren.

Über die Notwendigkeit der Selbstverteidigung

Beginnen wir mit zwei Aussagen, die genauso trivial wie wahr sind. Erstens: Zwischenmenschliche Konflikte sind ein integraler Bestandteil des Zusammenlebens. Interessenkollisionen, Machtkämpfe, Ausbeutungsversuche oder bloß Unstimmigkeiten über den Weg zu einem bestimmten Ziel sind allgegenwärtig. Sie sind nicht nur negativ, als Schwierigkeiten oder Hindernisse zu werten, sondern führen auch zu wertvollen Erfahrungen und Lernprozessen, die dabei helfen können, einen höheren Reifegrad bei der Bewältigung des Lebens zu erlangen.

Zweitens: Man kann nicht nicht auf einen Konflikt reagieren, d.h. ihn ignorieren, wegrationalisieren und zur Tagesordnung überzugehen. Die Tagesordnung ist nicht mehr die gleiche.

Da wir angesichts eines Konfliktes uns immer verhalten, stellt sich überhaupt nicht die Frage, *ob* wir überhaupt reagieren, sondern lediglich die Frage nach dem *Wie*.

Unter Selbstverteidigung angesichts eines Konfliktes verstehe ich Reaktionsweisen, die auf angemessene Weise für die Respektierung und Durchsetzung der eigenen Interessen eintreten. Wir können getrost davon ausgehen: Im Regelfall werden die anderen, aus ihrer Perspektive, das Gleiche tun. Die Konflikte, von denen ich hier spreche, sind in der Regel keine existenzbedrohenden Angelegenheiten. Es geht nicht um Leben oder Tod, sonder mehr um die Ärgernisse des Alltags.

Deswegen gibt es immer wieder Menschen, die versuchen, solchen Auseinandersetzungen aus dem Weg zu gehen, und ihr Verhalten durch viele, erst einmal weise und abgeklärt klingende Begründungen, zu rechtfertigen. Dazu gehören:

»Der Klügere gibt nach«, »Der muss doch einsehen, dass er so etwas nicht machen kann«, »Dafür bin ich mir zu schade«, oder »Ich darf doch nicht so egoistisch sein«.

Doch durch ein solches Verhalten riskieren wir nicht nur immer wieder bei wichtigen Angelegenheiten zu scheitern, sondern wir etablieren uns auch den anderen gegenüber in einer tiefen Position innerhalb der »Hackordnung«: »Mit dem können wir es machen, der wehrt sich nicht, der ist zu schwach.« Die anderen leiten dann daraus eine Art Gewohnheitsrecht ab, so weiter zu verfahren.

Die langfristigen Folgen sind dann der Rückzug von den Menschen, Verbitterung, zunehmende Angst vor Auseinandersetzungen und ein Absacken des Selbstwertgefühls bis hin zur Erkrankung.

Schlagen die Geschädigten dann doch gelegentlich los, so tun sie es oft am falschen Ort, zum falschen Zeitpunkt, der falschen Person gegenüber, unreflektiert und ohne Wahrung der Verhältnismäßigkeit der Mittel.

Deswegen halte ich es für nötig, wichtige Prinzipien und Mittel der Selbstverteidigung vorzustellen und anhand dessen, was wir aus der Psychologie wissen, zu begründen. Ihre Anwendung will ich an Beispielen aus dem täglichen Leben illustrieren. Vielleicht hilft es ein wenig, denn wir alle können in dieser Beziehung noch viel lernen. Manches, was ich schreibe, mag vielleicht etwas aufgelockert klingen. Doch das, worum es geht, ist sehr ernst.

Die zwölf goldenen Regeln der Selbstverteidigung

- Erkenne den Konflikt rechtzeitig.
- Mach dir klar, worum es für dich dabei geht.
- Mach dir klar, worum es für deinen Kontrahenten dabei geht.
- Studiere deinen Kontrahenten und das Umfeld.
- Nimm die Angelegenheit in die Hand.
- Mach dir einen Plan und gehe gezielt vor.

- Orientiere dich bei deinem Vorgehen auch an dem anderen.
- Bringe die Angelegenheit zu Ende.
- Lerne etwas daraus.
- Sorge dafür, dass auch der andere etwas lernt.
- Vermeide es, ihn zu deinem Feind zu machen.
- Nutze die Erkenntnisse der Psychologie! Daran ist nichts Unanständiges.

Und nun möchten Sie sicher wissen, wie das geht. Dann sehen wir uns das alles einmal näher an.

Wie man zu der Person wird, die man immer schon sein wollte

Unbemerkt

Man lebt nicht einmal einmal, klagte Karl Kraus. Damit gibt er das Lebensgefühl vieler Zeitgenossen wieder. Sie haben zu bestimmten Momenten das Gefühl in die falsche Welt eingestiegen zu sein. Sie stehen schlicht unbemerkt da.

Gleichzeitig dürfen sie am Spektakel anderer teilnehmen, welche Brücken einweihen, die Nachrichtensprecherin in den Arm nehmen, die Welt umsegeln oder mit Erfolg um die Hand der Tochter des Chefs anhalten. Zu guter Letzt spricht noch ein Idiot vom Jahr 2015 und sie fangen an zu rechnen.

Nicht viel anders ging es Herrn Schneck. Zu Hause hatte er seine kleine Welt, und dort war alles in Ordnung. Aber draußen war nicht viel los. Dabei war Schneck ein ausgesprochen netter und tüchtiger Mensch. Bei der Arbeit hielt er viel von Fleiß, Ausdauer und Genauigkeit. Auch seine Qualifikation war nicht die Schlechteste. Im Umgang mit anderen Menschen waren ihm Höflichkeit, Anstand und Diskretion wichtig. Er redete nie schlecht über Kollegen, ließ Vorgesetzte uneingeschränkt gelten und war dem Wohl der Firma sehr ergeben. Dabei fehlte es ihm weder an Ehrgeiz noch am Bedürfnis nach wohlverdienter Anerkennung, aber er hatte halt seine Vorstellungen darüber, wie man am sichersten in ihren Genuss kommen kann. Nie hätte er auch nur im entferntesten daran gedacht, sich in irgendeiner Weise herauszustellen. »Muss ein Mensch wie ich nicht irgendwann den entscheidenden Personen durch seine allseits nützliche und den Belangen aller förderliche Unauffälligkeit geradezu auffallen«, war lange Zeit seine stille Hoffnung.

Die Erfahrungen der letzten drei Jahre, die er in seinem jetzigen Betrieb gemacht hatte, wiesen in keiner Weisen auf einen solchen mehr als verdienten Durchbruch hin.

»Tag, Schneck, Sie sehen aber blass aus«, »Sind Sie nicht der Lehmann?« und »Der Schneck wird das schon machen, irgendwie«, waren die Anerkennungshighlights, die ihm zuteil geworden waren seit dem letzten Betriebsfest, bei dem er sich wegen einer leichten Magenverstimmung hatte entschuldigen lassen. Im Bekanntenkreis war es nicht viel anders. Konnte das ewig so weiter gehen?

Es würde diesen Rahmen sprengen, ausführlich zu erläutern, durch welches Zusammenspiel recht unterschiedlicher Momente Schneck eines Tages beschloss, seine Versetzung zu einer Tochterfirma zu nutzen, um seinem bisherigen sozialen und beruflichen Kümmerdasein ein Ende zu setzen. Die Versetzung an sich war weder als Beförderung noch als Rausschmiss zu betrachten, Schneck hatte sozusagen eine neue Chance und ausführlich Zeit, sich darauf vorzubereiten.

Er besorgte sich allerhand Literatur über Psychologie, weitgehend auf Firmenkosten, und Letzteres war der erste, wenn auch noch unbemerkte Paukenschlag. Seinen ganzen Urlaub brachte er damit zu, sie, wie es seine Art war, einem ausführlichen und in die Tiefe gehenden Studium zu unterziehen. Dann fühlte er sich fit genug, um sein neues Dasein – im Beruf und auch anderswo – sozusagen wissenschaftlich zu planen und an die Ausführung zu gehen.

Begleiten wir ihn bei seinem spannenden Unterfangen. Der Einfachheit halber wollen wir ihn hauptsächlich bei seinen weiteren beruflichen Unternehmungen beobachten. Aber die Art, wie er vorgeht, eignet sich selbstverständlich auch für ein Weiterkommen in anderen Bereichen des Lebens.

Schneck stellt fest

»Moralisch allemal und vielleicht sogar juristisch gesehen, befinde ich mich in einer Art Zustand der Notwehr. Zwischen mir und meinen Mitmenschen scheint ein chronischer Konflikt zu bestehen. Meine Erwartungen an das Leben, d.h. letztlich an die anderen werden in sehr ungenügender Weise erfüllt. Ich habe nie wirklich die unteren Etagen der Maslow'schen Bedürfnishierarchie verlassen. Ich habe zu Essen, zu Trinken, habe ein Dach über dem Kopf und muss nicht frieren. Mein Bedürfnis nach Sicherheit hatte bislang in meinem Leben absolute Priorität, und ihm ist mehr als Genüge getan. Soll ich so weiterleben, um das alles nicht aufs Spiel zu setzen? ›Ein festes Grab ist doch immer die beste Befestigung wider die Stürme des Schicksals‹, spottet Lichtenberg über Menschen wie mich. Soll das alles im Leben gewesen sein? Was ist mit meinen anderen Wünschen, denen nach Zuneigung, Achtung und nach sozialer Anerkennung. Werde ich nie erleben, was alles in mir steckt? Ich dachte, all das wird noch kommen, aber es kam nicht. Mein Grundirrtum: Ich habe mich dabei auf die anderen verlassen. Aber die anderen haben mich an einem Platz gehalten, wo ich ihnen gerade nützlich sein konnte. Im Endeffekt habe ich bei ihnen durch meine Art mich zu verhalten folgenden Eindruck erweckt: Von dem haben wir nur Durchschnittliches zu erwarten. Weder etwas, was uns besonders vorteilhaft sein könnte, wenn wir ihn fördern, noch etwas Gefährliches, wenn wir ihn links liegen lassen. Ich habe die Spielregeln falsch eingeschätzt, das soll nun anders werden. Ich werde von meinem Recht auf Selbstverteidigung Gebrauch machen, ja, im Grunde genommen ist es geradezu meine Pflicht.«

Eine andere Person werden?

Das Wort Person bezeichnet in seiner ursprünglichen Bedeutung eine Maske. Darin liegt die Anerkennung der Tatsache, dass jedermann immer und überall, mehr oder weniger bewusst eine oder mehrere Rollen spielt. Wie wir eine bestimmte Situation erleben und wie wir dabei handeln, betrifft uns nie bloß als Menschen schlechthin oder als Einzelindividuen, sondern als Angehörige einer höchst komplizierten Gemeinschaft, in der eine bestimmte Rollenverteilung herrscht. Wenn mir in einem Betrieb nacheinander der Pförtner und der Abteilungsleiter über den Weg laufen, so werde ich feststellen, dass beide eine ganz unterschiedliche Art haben, durch den Raum zu schreiten und mich zu begrüßen. Der eine wirkt bescheiden, bemüht, vielleicht ein wenig unterwürfig, der andere lässt seine Augen umherschweifen und ist bestrebt die Gesamtsituation zu überblicken und unter Kontrolle zu halten. Bei der Begrüßung wird er mich fest anschauen und vielleicht kurz meinen Arm berühren, ein Anzeichen des Ranghöheren, das ein etwas herablassendes Wohlwollen signalisiert. Würde der Pförtner sich wie der Chef und umgekehrt verhalten, so würden beide mit Sicherheit Insidern unangenehm auffallen, weil sie nicht ihren Erwartungen entsprächen. Beide wären irgendwie aus der Rolle gefallen, und das würde eher Unverständnis als Sympathie erwecken.

Jeder Mensch bemüht sich, den Anforderungen der Gesellschaft zu entsprechen, will er weiter an den Vorteilen des Eingebundenseins in die Gemeinschaft teilhaben. Dazu gehört auch, dass er nicht zu sehr von den Rollenerwartungen abweicht, die, in seiner jeweiligen Position, an ihn gestellt werden. Lob und Anerkennung werden dann erfolgen, wenn er sich rollenkonform verhält. Befremden bis hin zu Tadel treffen ihn dann, wenn er den Erwartungen anderer nicht genügt. Er darf sich zumindest nicht zu sehr davon entfernen, sonst wirkt er nicht mehr glaubhaft. Schneck musste sich eingestehen: Ich habe bisher offenbar nie glaubhaft die Rolle eines Angestellten mit Zukunft gespielt. Ich habe mich so gesehen und daran geglaubt, die anderen aber nicht.

Der Einzelne, sagen wir Herr Müller, ist also einmal ein bestimmtes Individuum mit seiner einzigartigen Lebensgeschichte: Geboren in Weinstadt, am 11. 11. 1965, Vater Justus Müller, Küfner usw. Das wird er nicht ändern können. Aber zu seiner Person gehört auch, dass er in verschiedenen Rollen auftritt, als Mann, als charmanter Kavalier, als umweltbewusster Bürger und als ein aufstrebender Mitarbeiter der Firma Sowieso, dem eine große Karriere bevorsteht. Es ist nicht so, dass er völlig ohne Beziehungen zu den Inhalten der diversen Rollen ist und zynischerweise den anderen Theater vorspielt, um sie zu täuschen. Aber wenn er in den Augen der anderen glaubhaft wirken will, so muss er die wesentlichen Merkmale einer jeden Rolle auch verwirklichen. Er muss auf andere wirken wie ein Kavalier, ein Karrieremensch usw.

Obwohl ich derselbe bleibe, der ich bin, kann ich sehr wohl zu einer anderen Person werden, indem ich die Rollen, die zum Wunschbild meiner Person gehören, viel überzeugender darstelle. Ich werde dann anders auf andere wirken, und sie werden in Folge anders mit mir umgehen. Aber nicht nur das: Ich werde mich mit der Zeit auch anders fühlen, mehr mit meiner neuen Rolle im Einklang. Ich werde auch anfangen anders zu denken und anders zu handeln. Ich werde immer mehr in die Rolle hinein wachsen und immer mehr zu der Person werden, die ich schon immer sein wollte. Das hatte Herr Schneck verstanden.

Sich bemerkbar machen

Den fachlichen Anforderungen seines neuen Jobs war er mehr als gewachsen, das wusste Schneck, und er neigte in dieser Beziehung nicht zu Selbstüberschätzung.

Blieb die soziale Seite. Er hielt nichts von Militärjargon, aber er wollte sie diesmal generalstabsmäßig vorbereiten und dann Schritt für Schritt angehen.

Er begann mit folgenden Überlegungen:

Sich bemerkbar machen. Damit fängt alles an, es ist die Voraussetzung für alles andere. Aber wie? Hier war die Unterscheidung zwischen kurzfristiger und längerfristiger Strategie von Nutzen. Kurzfristig bedeutet, sich erst mal in den Köpfen aller auf eine nicht zu penetrante aber sichere Weise zu etablieren. So war er fortan nicht mehr zu übersehen, wie die Dinge sich auch entwickeln mochten. Langfristig gesehen ging es mehr um den Inhalt und die Art seiner Selbstdarstellung. Doch davon später mehr.

Was wissen wir über diese Dinge? Schneck fasste die Notizen aus seiner Lektüre zusammen.

Aus der gesamten psychologischen Literatur wird deutlich, welche enorme Bedeutung dem ersten Eindruck zukommt, den eine Person bei anderen hinterlässt. Die allerersten Informationen, die wir von jemandem erhalten, kommen von seiner Erscheinung, von dem, was er sagt, und davon, wie er sich verhält. Sie hinterlassen ein Bild von dieser Person in uns, das den weiteren Umgang mit ihr wesentlich beeinflusst. Es werden Meinungen über ihn und Einstellungen ihm gegenüber geprägt, die später sehr schwer veränderbar sind.

Insbesondere die Gefühle der Sympathie bzw. der Antipathie stellen frühe positive oder negative gefühlsmäßige Reaktionen auf jemanden dar, den wir neu kennen lernen. »Ich weiß nicht so recht warum, aber er war mir auf den ersten Blick sympathisch«, hören wir oft im Alltag.

Hier stellt sich die Frage: Wie kann ich bei meinen Gesprächspartnern möglichst schnell einen dauerhaften, positiven Eindruck hinterlassen? Die Gründe, die zu einem solchen positiven Urteil führen, sind wissenschaftlich vielfach untersucht worden.

Die wichtigsten sind:

- Die Häufigkeit der Kontakte am Anfang einer Beziehung darf nicht zu gering, aber auch nicht zu groß sein. Ist sie zu gering, so wird der andere leicht eingeordnet als jemand, der bloß »gelegentlich da« ist, aber kein großes Interesse weckt. Läuft er einem zu oft über den Weg, so kann die Reaktion »Schon wieder der« entstehen.
- Die Kontakte können kurz, müssen aber persönlich gehalten sein. Der Gesprächspartner soll merken, dass der andere sich ihm uneingeschränkt zuwendet und nicht nur als einen unter vielen für ein paar Sekunden zur Kenntnis nimmt.
- Das körperliche Ausdrucksverhalten, d.h. Gesten, Körperhaltung, Gesichtsausdruck, Sprechweisen usw. sind von hervorragender Bedeutung. Sie werden oft stärker positiv oder negativ bewertet als der

Inhalt dessen, was er sagt. Es geht also darum, ein freundliches Gesicht zu machen, sich dem anderen körperlich zuzuwenden und Blickkontakt zu halten. Eine Haltung wie: »Oh, Sie sind es. Das finde ich aber prima, dass ich Sie hier treffe. Das wollte ich schon den ganzen Tag. Jetzt nehme ich mir aber ein wenig Zeit für Sie.«

Welche Botschaften kommen bei ersten Kontakten am besten an? Was müssen wir anderen mitteilen, damit sie uns sympathisch finden, positive Erwartungen an uns entwickeln und uns respektieren?

- Nun, in allererster Linie wollen sie Interesse an der eigenen Person erfahren, d.h. sie wollen etwas über sich selber hören, viel lieber, als etwas über den anderen. (Ich kann nur hoffen, dass niemand darüber erstaunt ist!) Dazu eignen sich einmal Fragen an den anderen, allerdings keine zu persönlichen. Etwa: »Wie lange sind Sie denn schon dabei?«, »Sie haben so einen sicheren Eindruck bei der heutigen Besprechung gemacht. Wie schaffen Sie das bloß? Ich war ganz aufgeregt«, oder »Wo kommen Sie denn her? Sind Sie etwa ein echter Berliner?« Ich kann weiter nur hoffen, dass niemand der Meinung ist, das sei doch alles ein billiges Affentheater, auf welches hoffentlich niemand hereinfalle. Dazu ist Folgendes zu sagen: Es geht nicht um Bauernfängerei, sondern um ein echtes Interesse am anderen. Das bedeutet, es soll so früh wie möglich ein positiver Kontakt hergestellt werden, allerdings auf eine geschickte, Erfolg versprechende Art. Daran ist nichts Verwerfliches. Zum zweiten Punkt: Menschen reagieren fast immer positiv, wenn man Interesse an ihnen zeigt. Sie können nicht genug davon bekommen. Wenn man diesem Bedürfnis entgegen kommt, so ist doch daran nichts Schlimmes. Allerdings muss auch dann das Wie stimmen.

- Wir mögen andere, die uns ähnlich sind, mit denen wir in verschiedenen Bereichen übereinstimmen. Das gilt für unsere Herkunft, die Art, wie wir uns kleiden oder darstellen. Es gilt aber auch für Meinungen, Vorlieben und den Lebensstil. Eine wichtige Methode, um Sympathie bei anderen zu erzeugen, besteht darin, systematisch Merkmale herauszufinden, die ihn charakterisieren, um dann bei der nächsten passenden Gelegenheit wirkliche oder (im Extremfall allerdings) erfundene Gemeinsamkeiten zu betonen. Dies kann erfolgen durch Beobachtung oder diskrete Befragung, entweder der Person selber oder durch andere.
- Schneck machte zu Beginn gelegentlich Notizen über bestimmte Mitarbeiter, die ihm besonders wichtig vorkamen. Er registrierte einmal anhand einer einfachen Strichliste die Anzahl der persönlichen Kontakte, die spontan zustande gekommen waren oder die er absichtlich herbeigeführt hatte. Er hielt auch persönliche Vorlieben, Hobbys und Einstellungen zu bestimmten Dingen fest. So registrierte er, wer alles Fußballfan war oder sich gar für Prellball begeisterte, wer in die Oper ging, welches Auto wer fuhr, oder wer, der Umwelt zuliebe, in Fahrgemeinschaft mit dem Tandem zur Arbeit kam. Eine aß nie Fleisch, ein anderer war sehr stolz auf seine Kenntnisse, was Spitzenweine betraf, allerdings auf Sachsen beschränkt. Der Dritte hofierte alle Frauen und zehrte vom Ruf der Verruchtheit. Herr Schulz schließlich schimpfte bei jeder Gelegenheit auf die heutige Jugend, die nicht einmal zum Militär wollte (»Ah, die Schlacht am Kursker Bogen!«). Frau Wolff schwärmte nur von Paris, wegen Disneyland und dem Eiffelturm. Meyer hingegen verließ nie Berlin ohne ein ganzes Arsenal an homöopathischen Pillen, wegen der miserablen Krankenversorgung außerhalb, die schon

im Lande Brandenburg jeden Aufenthalt zu einem unzumutbaren Wagnis machte.

Schneck hielt unermüdlich Ausschau nach möglichen Gemeinsamkeiten und entwickelte eine wahre Meisterschaft in dieser ausnahmsweise nützlichen Sportart. Er entdeckte so manche und machte das Beste daraus. Nie fügte er jemandem dadurch einen Schaden zu.

- Schließlich bediente sich Schneck, wo immer er konnte, der »Imbisstechnik«. Der Imbisseffekt, der von dem Psychologen Razran entdeckt wurde, besagt, dass Kontakte besonders dann sympathiefördernd wirken, wenn sie unter angenehmen entspannten Bedingungen wie z.B. beim Essen stattfinden. Der angenehme Charakter der Tätigkeit oder der Situation färbt dann sozusagen auf den Gesprächspartner ab. Er selber erhält eine angenehme Aura und man ist bereit, ihn in die Reihe der angenehmen Mitmenschen aufzunehmen.

  Wenn ein Kollege mit fröhlichem Gesicht durch die Gegend lief, suchte Schneck ihn auf, war einer befördert worden, war Schneck einer der ersten Gratulanten. Es kam meist von Herzen, ob Sie es glauben oder nicht.

  Aber die Umkehr dieses Prinzips ist genauso wichtig: Fiel einer wegen seines griesgrämigen Gesichts auf, so ging er ihm aus dem Wege, wenn er nur konnte.

Schnecks kurzfristige Strategie, um diesmal nicht übersehen zu werden, ging auf. Sehr schnell stellte sich eine relativ große Vertrautheit zwischen ihm und vielen Mitarbeitern ein.

Nun war es Zeit, zu grundlegenderen, längerfristig wirksamen Mitteln der Selbstdarstellung überzugehen.

Selbstdarstellung

»Der Schneck scheint ja auf den ersten Blick ein freundlicher, interessierter und geselliger Mensch zu sein. Aber wie ist er denn eigentlich wirklich?«, fragten sich immer mehr Kollegen.

Schnecks nächste Schritte waren komplizierter und verlangten eine besonders genaue Vorbereitung. Er hatte sich geschworen nichts vorzutäuschen, das nicht der Wahrheit entsprach. Kein Betrug an anderen, keine Lügen und keine Angeberei. Er hatte jede Menge Qualitäten, das wusste er, im Beruf wie auch als Mensch. Aber die anderen mussten es erfahren, so viel war sicher. Und das durfte er diesmal nicht dem Zufall überlassen.

Wie Menschen sich Meinungen über andere bilden

Der Teil der Psychologie, der dieses Problem untersucht, wird Personenwahrnehmung genannt. Man versteht darunter jene Prozesse, die zur Bildung von Meinungen und Bewertungen in Bezug auf andere Personen führen. Man gelangt so zu einem Urteil über ihre momentane Stimmung, über ihre Absichten, Einstellungen und Charaktereigenschaften. Die einzelnen Meinungen, die so entstehen, sind dann die Grundlage für die Bewertung. Sobald man sich derart eine Meinung über jemanden gebildet hat, glaubt man auch sein zukünftiges Verhalten einigermaßen sicher vorhersagen zu können: »Das ist ein feiner Kerl, auf den kann ich mich im Notfall verlassen«, oder: »Die Frau taugt nichts. Wenn es einmal heiß hergeht, wird sie die Nerven verlieren und zusammenbrechen.«

Zwei Prozesse sind in erster Linie charakteristisch

für die Art, wie wir einen Menschen wahrnehmen und uns ein Urteil über ihn bilden.

Einmal treffen wir wie bei jedem Wahrnehmungsakt eine Auswahl. Wir können nicht die unendliche Fülle des »Materials«, das ein Mensch uns anbietet, auf einmal aufnehmen und verarbeiten. Wenn ich zu einer Prüfung antrete und den Prüfer gegenüber sitze, so registriere ich mit großer Wahrscheinlichkeit nicht die Farbe seiner Schuhe, die Art, wie sein Bart geschnitten ist oder den leicht fränkischen Akzent, den er beim Sprechen hat. Ich achte vor allem auf den Inhalt seiner Fragen, ob er einen geduldigen oder gereizten Eindruck macht, ob er nickt oder missmutig den Kopf schüttelt, wenn ich die Frage beantworte. Ich achte auf das, was wichtig ist für die Aufgabe, die ich in der Situation zu bewältigen habe.

Genau so ist es, wenn wir mit jemand zusammen treffen, über den wir uns ein Urteil bilden wollen. Nicht alle beobachtbaren Züge und Merkmale werden dafür herangezogen. Manches, dass uns aufschlussreich oder typisch erscheint, nehmen wir bewusst wahr, anderes wird schlicht übersehen. Bei der Personenwahrnehmung treffen wir also erst mal eine Auswahl.

Der allererste Eindruck, den jemand auf uns macht durch seine Art uns entgegenzutreten, spielt eine große Rolle, das haben wir gesehen. Es liegt auf der Hand, dass wir bei einem neuen Kollegen sehr stark bestrebt sind uns ein Urteil über seine zukünftige Arbeit zu machen. Besonders bei der Beurteilung der Leistungsfähigkeit scheinen wir direkt einer Art »Anfangseffekt« zu unterliegen: Unsere erste Einschätzung seiner Arbeit hinterlässt einen sehr dauerhaften Eindruck, der sehr schwer korrigierbar ist.

Darüber hinaus wollen wir uns ein Urteil über seinen Charakter bilden, um ihn als Mitarbeiter und als Mensch besser einschätzen zu können, d.h. wir wollen wissen, was wir persönlich von ihm zu erwarten haben. Wird er korrekt und fleißig sein, oder wird er versuchen, alles auf uns abzuschieben? Eignet er sich eventuell für eine Führungsposition oder taugt er nur für niedere Dienste? Wird er sich kollegial und loyal uns gegenüber verhalten oder müssen wir darauf gefasst sein, dass er gegen uns intrigiert und versucht, uns auszubooten?

Wenn wir durch das Verhalten des anderen nicht sehr schnell eine klare und eindeutige Antwort auf die Fragen bekommen, die uns interessieren, so setzt ein zweiter Prozess ein, der neben der Auswahl einer große Rolle bei der Personenbeurteilung spielt. Wir fangen an, Schlüsse zu ziehen, d.h. wir schließen von etwas, was wir beobachten konnten, auf etwas anderes, das wir nicht direkt wahrgenommen haben. Von einigen Merkmalen, die wir beobachtet haben, schließen wir auf andere, die dazu passen, weil wir glauben »die Menschen als solche« gut genug zu kennen, um dies tun zu können. Bestimmte Merkmale beeinflussen unser Gesamturteil besonders stark, sie spielen eine zentrale Rolle dabei. Man nennt dieses Phänomen auch »Halo-Effekt«, vom englischen Wort für Aura. Es bedeutet, dass in dem Fall der Gesamteindruck, den eine Person auf uns macht, von einem oder ganz wenigen positiven (oder negativen) Merkmalen, die sie hat, dominiert wird.

Warum eine aktive Selbstdarstellung so wichtig ist

Nun fangen wir an zu verstehen, warum es so wichtig ist, sich in bestimmten Situationen ganz bewusst auf eine bestimmte Art darzustellen. Sich darstellen hat dabei nichts zu tun mit Theaterspielen, die anderen täuschen oder angeben. Wenn ich bestimmte Eigenschaften besitze und sie einen wichtigen Teil meiner Persönlichkeit bilden, so sollte ich mich besser nicht darauf verlassen, dass die anderen schon merken werden, wie ich wirklich bin.

Andere Menschen haben viele Arten, sich ein Bild von jemandem zu machen. Sie haben verschiedene Vorerfahrungen, die sie dann leicht auf andere übertragen. Sie werden oft von Vorurteilen, die ihr Urteil beeinflussen geleitet, oder bilden sich eine dauerhafte Meinung aufgrund eines sehr oberflächlichen Eindrucks. Schließlich gehen sie oft sehr schematisch vor. Aufgrund eines einzigen Merkmals, dass sie festgestellt haben oder glauben festgestellt zu haben, schustern sie sich im Nu ein ganzes »Charakterportrait« von jemandem zusammen, das in der Folge sehr schwer zu verändern ist. Der Halo-Effekt macht es möglich. Ein besonders drastisches Beispiel dafür ist die äußere Attraktivität. Menschen, die einem auf den ersten Blick attraktiv erscheinen, werden fast immer eine ganze Palette an anderen positiven Eigenschaften zugeschrieben. Sie werden für intelligent, tüchtig, überlegen usw. gehalten, bevor wir auch nur im Geringsten diese Eigenschaften aus ihrem Verhalten hätten schließen können.

Ganz dem Zufall zu überlassen, wie man bei anderen ankommt, ist ein höchst gewagtes Unterfangen. Doch was ist die Alternative dazu? Wie kann man sich diskret, aber wirkungsvoll ins verdiente rechte Licht rücken?

Zwei Arten der Selbstdarstellung

Eine Forschergruppe um den amerikanischen Sozialpsychologen Tedeschi beschäftigt sich seit vielen Jahren mit den Strategien und Taktiken, die Menschen benutzen, um sich in einer bestimmten Art und Weise darzustellen. Sie sprechen dabei von *Impression-Management,* das heißt von dem Versuch, einen bestimmten Eindruck bei anderen zu hinterlassen, der die eigenen Interessen optimal ins Spiel bringt. Letzten Endes geht es dabei um die Kontrolle der jeweiligen Situation. Die Forschergruppe unterscheidet zwischen »assertiven« und »defensiven« Selbstdarstellungsstrategien. Assertiv heißt so viel wie selbstbewusst und offensiv. Damit sind eine Reihe von Verhaltensweisen gemeint, die zum Ziel haben, von anderen Personen Vorteile zu erlangen wie Bewunderung, positive Beurteilung, Zuspruch und so weiter. Indem ich in meinem Aufritt meine Kompetenz, Attraktivität, Liebenswürdigkeit, meinen Status oder andere positive Eigenschaften und Leistungen in den Vordergrund stelle, will ich eine unmittelbare positive Reaktion seitens anderer hervorrufen. Defensive Strategien hingegen sind mehr auf Verteidigung angelegt. Dabei geht es in erster Linie darum, die eigene Identität zu schützen, sollte sie von anderen bedroht oder in Frage gestellt werden. Sie umfassen Vorgehensweisen, bei denen die Selbstdarstellung mein berechtigtes Bedürfnis nach Schutz oder Hilfe betont.

Letzten Endes steht das Bedürfnis, unter keinen Umständen negativ aufzufallen und möglichst kein Risiko einzugehen, im Vordergrund. Der Hauptschwerpunkt liegt auf der Wahrung der Sicherheit in der Hoffnung, die anderen würden schon von allein merken, wie gut und wie liebenswürdig man ist. Das war Schnecks Weg bislang gewesen, aber fortan nicht mehr.

Assertive Selbstdarstellung

Trotz seines Vorsatzes, mehr aus sich zu machen, hielt er noch immer nichts von Machthunger, Intrigantentum und Auffallenwollen um jeden Preis. Aber er hatte sich auch von der allzu leisetreterischen und auf Sicherheit bedachten Art distanziert, die ihn bislang ausgezeichnet oder besser gesagt: nicht ausgezeichnet hatte.

Schneck hatte sich nach längerem Studium und ausführlichen Überlegungen für einige Eigenschaften entschieden, die er im Umgang mit seinen Kollegen besonders realisieren wollte. Er wollte sich ihnen gegenüber bewusst darstellen als: kompetent, offen und vertrauenswürdig und schließlich als loyalen Kollegen, d. h. er wollte beliebt werden.

Er hatte diese Eigenschaften nach drei Gesichtspunkten ausgewählt: Einmal war er ehrlich davon überzeugt, dass er sie in hohem Maße besaß, und dass sie, mit einiger Unterstützung der anderen allerdings, sehr wohl sein Verhalten ihnen gegenüber prägen könnten. Zum Zweiten entsprachen sie seinem Ideal eines guten Kollegen, und er wollte sich selber in dieser Hinsicht sozusagen perfektionieren. Zum Dritten, und das muss auch gesagt werden, war er überzeugt, dass sie seinen Aufstieg eher fördern als behindern würden.

Kompetenz

Es gibt grundsätzlich zwei Möglichkeiten, die eigene Kompetenz den anderen deutlich zu machen. Die erste ist die nächstliegende: durch erfolgreiches, für andere gut sichtbares kompetentes Erledigen der Arbeit. Das wollte Schneck allemal, und er war davon überzeugt, dass er auch dazu in der Lage war. Aber seine Erfahrungen waren eindeutig. In seiner bisherigen Karriere hatte es nicht gereicht. Deshalb beschloss er diesmal das zweite Mittel in Anspruch zu nehmen: anderen gegenüber die eigene Kompetenz zu betonen, d. h. sich in jeder Hinsicht positiv darzustellen, bei gezielt herbeigeführten oder sich spontan ergebenden Anlässen.

Nun mag man auf den Gedanken kommen, positiv über sich selbst zu reden sei das platteste Unterfangen, um sich aufzuspielen – eine dubiose Angelegenheit, die mit Sicherheit zum Gegenteil dessen führt, was man damit beabsichtigte.

Da bin ich ganz anderer Meinung. Es ist eines der wirksamsten Mittel überhaupt, unentbehrlich meist, wenn es darum geht, die eigene Leistung und andere Vorzüge in fremden Köpfen zu etablieren. Allerdings kommt es, wie so oft, auf das Wie an.

Die hohe Kunst, positiv über sich selbst zu reden

- Etwas Positives, etwa über die eigene Kompetenz, mitzuteilen, ist besonders am Anfang einer Zusammenarbeit wichtig. Haben die anderen Ihre Kompetenz einmal akzeptiert, so wird dieses Urteil relativ dauerhaft sein und Sie können »bescheidener« werden.
- Wenn Sie etwas Positives über sich sagen, dann sagen Sie unbedingt im selben Gespräch auch etwas Positives über Ihren Gesprächspartner oder Ihre Gesprächspartnerin.

  »Wissen Sie, ich hatte einige Mühe mich in dieses Spezialgebiet einzuarbeiten, aber jetzt habe ich einen sehr guten Durchblick. Das ist Ihnen sicher nicht anders gegangen, als Sie sich zum Spezialisten für Plan X empor gekämpft haben.«
- Reden Sie so, dass das, was Sie Positives über sich sagen, potentiell auch für Ihr Gegenüber von Nutzen sein kann.

  »Ich denke, ich weiß jetzt wirklich, wie wir das machen können. Durch meine neuen Vorschläge werden auch Ihnen viele Schwierigkeiten erspart bleiben.«

- Unterstreichen Sie ihre Kompetenz Ihren jeweiligen Gesprächspartnern gegenüber möglichst in den Bereichen, in denen sie keine Konkurrenz wittern. Machen Sie sich nicht zu einem potentiellen Rivalen.

  »Ich weiß, dass Sie die Angelegenheit nicht sehr interessiert, aber ich bin dabei, mich mit aller Energie in die Materie einzuarbeiten.«
- Betonen Sie, dass sie Ihrem Gegenüber bei Ihren Fortschritten viel verdanken.

  »Ich habe mir einfach ein Beispiel daran genommen, wie Sie die Verhandlungen mit Herrn Müller geführt haben. Das hat mir die Augen geöffnet und mir Mut gemacht. Ich denke, auch ich habe einen sehr guten Abschluss mit Meyer erreicht.«
- Äußern Sie auch zwischendurch leichte Selbstzweifel und Unsicherheiten. Bringen Sie Ihr Gegenüber dazu, Sie zu stützen und sich mit Ihrer Vorgehensweise zu identifizieren.

  »Aber andererseits denke ich mir, der Meyer ist ein gerissener Hund. Ob ich ihm wirklich gewachsen bin? Sie meinen, wir würden das schon hinkriegen? Jetzt machen Sie mir wieder Mut. Na dann, an die Arbeit. Ich halte Sie auf dem Laufenden.«
- Nutzen Sie vorsichtig z. B. im Betrieb bestehende Rivalitäten, um die Unterstützung Ihres Gesprächspartners zu erlangen.

  »Ich denke, ich mache das schon ganz gut. Aber ich fürchte, der Wegener hat dennoch seine Zweifel. Sie meinen, der soll sich um seine Angelegenheiten kümmern? Hat der wirklich keine Ahnung? Sie meinen, ich soll unbedingt so weiter machen?«
- Nehmen Sie Ihrer Gesprächspartnerin »den Wind aus den Segeln«. Formulieren Sie mögliche Einwände, die sie haben könnte, lieber selber.

»Nun könnten Sie denken: So lang ist der noch nicht dabei, der hat noch viel zu lernen. Sie meinen, darauf kommt es hier nicht an? Sie merken wirklich, wie ich mich bemühe?«

- Erinnern Sie Ihren Gesprächspartner gelegentlich und vorsichtig an positive Äußerungen, die er über Sie gemacht hat. Jeder Mensch hat ein Bedürfnis, zu dem zu stehen, was er gesagt und getan hat.

  »Sie sagten doch neulich Schaub gegenüber, ich mache meine Sache schon sehr gut und das in meiner Gegenwart. Ich kann mir nur wünschen, dass Sie sich nicht in mir getäuscht haben. Nein? Sie haben da ein ganz sicheres Urteil, meinen Sie?«
- Überfallen Sie nie jemand, sondern versuchen Sie solche Gespräche immer in einer möglichst lockeren und entspannten Atmosphäre zu führen. »Zeugen« können sich störend auswirken, weil die Gesprächspartnerin sich dann in einer Art festlegen müsste, die ihr vielleicht unangenehm wäre.

  Also nicht: *»Ich sehe, Sie sind mit Wurtz auf dem Weg zum Chef. Ich wollte Ihnen bloß sagen, dass ich das Problem im Großen und Ganzen gelöst habe. Also, Folgendes ...«*
- Sie sollten nicht unter allen Umständen darauf warten, bis Ihr Gesprächspartner dem, was Sie gesagt haben, ausdrücklich zustimmt. Oft genügt eine kurze Bemerkung, und Sie können das Thema beenden. Er fühlt sich dann nicht bedrängt und wird sich seine Gedanken machen.

  »Ich verstehe auch einiges von Statistik. Aber reden wir doch über die andere Sache.«
- Nie übertreiben und schon gar nicht angeben!

Offenheit und Vertrauenswürdigkeit

Eine Person wird dann als vertrauenswürdig eingeschätzt, wenn sie im Umgang mit anderen mehrere Bedingungen erfüllt:

- Sie verhält sich weitgehend so, wie sie es angekündigt hat.
- Andere können davon ausgehen, dass sie Informationen, die sie erhält, nicht systematisch dazu missbraucht, um sich Vorteile zu verschaffen.
- Sie gibt auch etwas von sich preis und macht sich dadurch angreifbar.
- Sie verhält sich nicht so, weil sie durch die Umstände dazu gezwungen wird oder weil sie kurzfristig eine bestimmte Strategie verfolgt, sondern aufgrund eines stabilen Wesenszuges, der für sie typisch ist.

Um bei anderen den Eindruck zu erwecken, dass sie Ihnen vertrauen können, reicht es nicht aus, es verbal einzufordern. Das allein würde mit Sicherheit zu nichts führen. Für vertrauenswürdig halten wir jemanden, wenn wir aus seinem Verhalten, vor allem uns gegenüber, darauf schließen können. Zurecht sind die meisten Menschen am Anfang zurückhaltend mit einem solchen Urteil. Ist es doch in manchen Fällen mit einem gewissen persönlichen Risiko verbunden.

Wir gelangen nach und nach zu dem Urteil: »Diesem Menschen können wir im Großen und Ganzen vertrauen«, aufgrund einer langen Serie von »Sicherheitssignalen«, die er uns gegenüber aussendet. Das gilt aber nur für den Fall, dass wir sie als solche zu deuten vermögen und sie sich dann, angesichts dessen, was sich später ereignet, als richtig erweisen. Dann wird die betreffende Person immer glaubwürdiger und wir fangen an unsererseits ihr gegenüber offener zu werden. Sicherheitssignale erlauben einem die Zuverlässigkeit und Berechenbarkeit eines Partners einzuschätzen. Solange sie wahrgenommen werden, ist man weitgehend vor jeder bösen Überraschung gefeit und kann sich sicher fühlen. Das bedeutet nicht, dass es nicht auch einmal in einer Beziehung zu Konflikten und zu unangenehmen Situationen kommen kann. Wenn aber unser Urteil über den Menschen richtig war, so werden wir auch dann nicht in die Verlegenheit kommen, feststellen zu müssen: Das hätten wir von dem nie erwartet.

Der Aufbau von Vertrauen in einer Beziehung, d.h. aus meiner Sicht, meine ehrliche Selbstdarstellung als vertrauenswürdige Person, ist ein recht komplexer Prozess, der sich in mehreren Schritten vollzieht.

Offenheit im Umgang mit dem anderen

Offenheit im zwischenmenschlichen Umgang zeigt sich darin, das jemand auch über persönliche Fakten, Erfahrungen, Absichten oder Gefühle spricht. Er kann sie entweder aus eigener Initiative in Gespräche einbringen oder auf Fragen hin, die der andere ihm stellt. Im günstigen Falle führt die Offenheit des einen Gesprächspartners dazu, dass der andere sich auch mehr »öffnet« und seinerseits anfängt, persönliche Informationen preiszugeben. So entsteht mit der Zeit eine Kommunikation, die weniger »fassadenhaft« ist. Die Menschen lernen sich besser kennen und daraus kann sich ein persönlicheres Verhältnis entwickeln, das sich in der Sache als sehr hilfreich erweist.

Oft ist es dabei so, dass einer, vorsichtig allerdings, den Anfang machen muss und in seinen Äußerungen etwas über das sachlich unbedingt Notwendige hinaus geht. Nun gilt es die Reaktionen des Gesprächspartners genau zu beobachten. Reagiert er positiv und geht z.B. auf das Gesagte ein, indem er eine Frage stellt oder seinerseits etwas über sich erzählt, so merkt man, dass man auf dem richtigen Weg ist: Die eigene Offenheit wird honoriert. Merkt man, dass der andere zurückweicht, indem er z. B. gleich wieder auf ein unpersönliches Thema kommt, so kann man daraus schließen, dass die Beziehung im Moment nicht mehr Offenheit in persönlichen Dingen verträgt. Das ist dann unbedingt zu respektieren.

Offenheit, auch in gut funktionierenden Beziehungen, ist immer relativ. Der Grad, der angemessen ist, ergibt sich aus ihrer Art. Eine Beziehung zwischen Freunden ist etwas anderes als die zwischen sich gegenseitig sympathisch findenden Arbeitskollegen, deren Umgang aber ausschließlich auf Vorgänge im Betrieb beschränkt bleibt.

Offenheit soll immer wohl überlegt sein. Sie darf unter keinen Umständen mit »Selbstentäußerung« verwechselt werden. Darunter sind voreilige, unbedachte und einen unangemessenen Grad an Intimität vorgaukelnde Mitteilungen zu verstehen, ob sie die eigene Person, den anderen oder Dritte betreffen. Im Nachkriegsfrankreich war kurze Zeit ein Spiel unter Jugendlichen modern, das »Wahrheitsspiel« genannt wurde. Es bestand darin, dass zwei Gesprächspartner sich verpflichteten, einen ganzen Abend lang dem anderen alles mitzuteilen, was ihm durch den Kopf ging, und zwar kompromisslos und ohne Rücksicht. Wie gesagt, es war nur sehr kurze Zeit modern. Solche Gespräche dauerten selten länger als ein paar Minuten und endeten meist in einer furchtbaren Katastrophe für alle Beteiligten.

Offenheit verlangt eine gute Menschenkenntnis und viel Fingerspitzengefühl. Vorsichtig eingesetzt kann sie zu einem wichtigen Mittel werden, um Beziehungen zwischen Menschen und die Qualität ihres gegenseitigen Umgangs zu verbessern. So gesehen ist sie eine wichtige Maßnahme zur Vertrauensbildung.

Ich habe schon auf die Bedeutung von Sicherheitssignalen für den Aufbau einer vertrauensvollen Beziehung hingewiesen. Der Partner fasst dann Vertrauen in mich, wenn mein Verhalten ihm gegenüber so eindeutig ist, dass er es ohne allzu viel Risiko richtig einordnen kann. Er ist dann in der Lage, mein Handeln zu verstehen und richtig zu berechnen.

Gemeinsame Absprachen sind dann klar und eindeutig, und jeder kann davon ausgehen, dass der andere sich daran hält.

Herr Schneck setzte z. B. folgende Sicherheitssignale ein, um ein besseres Verhältnis zu Weber zu bekommen, der ihn irgendwie als potentiellen Rivalen ansah und ihm sehr stark mit Misstrauen begegnete:

- Er suchte so oft wie möglich ein gemeinsames Gespräch, um betriebliche Probleme zu besprechen.
- Er betonte immer wieder, wie sehr ihm an einer guten Zusammenarbeit gelegen war.
- Er wies auch bei anderen Kollegen auf die Kompetenz von Weber hin, und das war wirklich seine Meinung.
- Er unterrichtete ihn so gut es ging im Voraus über nächste Schritte, die er unternehmen wollte.
- Er legte ihm die Gründe seiner Vorgehensweise dar.
- Er forderte ihn auf, mögliche Einwände klar und deutlich zu formulieren.
- Hielt er trotzdem an seinem ursprünglichen Plan fest, so bedankte er sich für die guten Ratschläge, sagte aber unmissverständlich, dass er die Sache anders sehe.
- Er erzählte ihm auch gelegentlich mehr persönliche Dinge.

Das Gegenstück von Sicherheitssignalen sind Momente im eigenen Verhalten, die der andere schwer einordnen kann, die er leicht als Bedrohung auffasst und die ein gutes, vertrauensvolles Klima sehr erschweren können. Sie können absichtlich gezeigt werden, um jemanden einzuschüchtern oder jemanden in seine Schranken zu verweisen. Aber in vielen Fällen ist man sich der Tatsache gar nicht bewusst, dass man Eigenarten im Umgang mit anderen hat, die sich derart auswirken. So hatte z. B. einer der Chefs die Angewohnheit, wenn man ihm etwas vortrug, mit den Fingern auf der Schreibtischplatte herumzutrommeln und zum Fenster hinaus zu schauen. Jeder fasste es als Anzeichen von Ungeduld oder von Missbilligung auf, obwohl es, wie sich später herausstellte, gar nicht so gemeint war. Um solche Eigenarten abbauen zu können, ist es notwendig, das eigene Verhalten bei wichtigen Anlässen selbstkritisch zu reflektieren. Man kann Personen, zu denen man ein einigermaßen gutes Verhältnis hat, um eine ehrliche Rückmeldung bitten. Vor allem aber ist es notwendig, die jeweiligen Gesprächspartner dabei zu beobachten, wie sie auf einen reagieren.

Sie sehen, Schneck machte es sich nicht leicht, aber er hatte sich auch viel vorgenommen.

Beliebt werden

Es gibt genug Intriganten, eiskalte Menschen, die ständig danach trachten, andere, des eigenen Vorteils willen, auszubeuten. Ja, es gibt sogar jede Menge Menschen, die man nur als bösartig bezeichnen kann: Sie freuen sich scheinbar darüber, dass andere Probleme haben oder an irgendetwas scheitern. Dann fühlen sie sich am größten. Man fürchtet sich vor ihnen, ja man hasst sie sogar. Aber das macht ihnen scheinbar nichts aus. Wer mag das verstehen?

So möchte ich auf keinen Fall werden, hatte Schneck ein für alle mal beschlossen und es war ihm sehr ernst damit. Er wollte vorwärts kommen und auch dafür kämpfen. Aber er wollte auch ein möglichst gutes Verhältnis zu anderen, ja, er hoffte, als Kollege und als Mitmensch geradezu beliebt zu werden. Mit welchen Mitteln lässt sich das erreichen?

Empathie

Jeder Mensch ist eine Insel, lautet ein nicht sehr optimistischer Ausspruch. Wenn dem so ist, gilt es nicht erst recht für die Berufswelt? Menschen, die in der Regel einander nicht ausgesucht haben, sondern durch die Zufälle der Personalpolitik eines Unternehmens zusammengebracht wurden, müssen einen Großteil des Tages miteinander verbringen. Leicht geraten sie in ein Konkurrenzverhältnis, dann beäugen sie sich misstrauisch und versuchen, einander auszustechen. Der Fehler des einen kann einem anderen zum Vorteil gereichen. Kurzfristige Allianzen bilden sich, um des gemeinsamen Vorteils willen, dann jagt man in der Meute. Sie zerfallen aber sehr schnell, wenn die Verhältnisse sich verändert haben.

Schneck wusste ja, dass er sich nicht ganz aus solchen todernst gemeinten »Erwachsenenspielen« würde heraus halten können. Aber würde es nicht dennoch möglich sein, eine andere innere Grundhaltung den Kollegen gegenüber einzunehmen, zumindest so lange, bis es deutlich geworden war, dass er es mit jemandem zu tun hatte, gegen den er sich energisch zur Wehr setzen musste?

Schneck war auf den Begriff Empathie aufmerksam geworden und hatte lange darüber nachgedacht. Darunter ist eine Einstellung anderen Menschen gegenüber gemeint, die bemüht ist, sie zuerst ein mal zu verstehen, bevor man sich ein endgültiges Urteil über sie bildet und danach handelt. Es ist in einer gewissen

Weise der Versuch, die Dinge auch aus der Perspektive des anderen zu betrachten. Man versetzt sich so gut es geht für einen Augenblick in seine innere Welt. Dann kann man meist das, was jemand sagt oder macht, besser einordnen. Dabei darf man allerdings das Verhalten des Gegenüber nicht nur passiv registrieren, sondern es kommt darauf an, zu verstehen, welche Gefühle daran beteiligt sind, welche Absichten und Bedürfnisse, ja in manchen Fällen sogar, welche Unsicherheiten oder Ängste. In einer Situation soll möglichst das ganze Erleben des anderen erfasst werden. Das ist dann auch die Voraussetzung dafür, die Bedeutung, die sein Verhalten für mich hat, besser einschätzen zu können.

Als Schneck einmal den Flur entlang lief, begegnete ihm zufällig Frau Matzke. Beide waren bislang sehr freundlich miteinander umgegangen, obwohl sie arbeitsmäßig nicht viel miteinander zu tun hatten. Diesmal ging sie an ihm vorbei, scheinbar ohne ihn eines Blickes zu würdigen. Ja, sie versteckte geradezu ihren Kopf hinter einer Akte, um so tun zu können, als hätte sie ihn nicht gesehen.

Was sollte Schneck davon halten? Er hätte leicht beleidigt sein können, um sich dann vorzunehmen sie fortan auch wie Luft zu behandeln. »Ich habe mich in ihr getäuscht, im Grunde genommen ist sie eine zickige unfreundliche Person«, hätte die Begründung dafür lauten können.

Aber Schneck stellte sich schlicht die Frage: Was mag in ihr vorgegangen sein, wie kann ich mir einen Reim aus ihrem ungewöhnlichen Verhalten mir gegenüber machen? Wusste er irgendetwas über sie, das er als Erklärung dafür heranziehen konnte? Da erinnerte er sich: Sie hatte vor zwei Wochen bei einem zufälligen Gespräch ihre Hoffnung auf eine Beförderung geäußert, die sie, ihrer Meinung nach, mehr als verdient hätte. Sie schien sich ihrer Sache ganz sicher und freute sich schon im Voraus darüber. Die Beförderung war nicht erfolgt, und als Begründung dafür wurden fadenscheinige Behauptungen wie gelegentliche Unpünktlichkeit herbeigezogen. Das hatte er beiläufig nebenbei von anderen erfahren.

Plötzlich sah Schneck ihr Verhalten in einem ganz anderen Licht. Sie war keineswegs darauf aus, dich zu kränken, sagte er sich. Es ist auch nicht so, dass sie plötzlich etwas gegen dich hat. Die plausibelste Erklärung ist, dass sie sich einfach schämt. Sie hat vorschnell ihre Beförderung als ganz sicher angekündigt und fühlt sich jetzt furchtbar blamiert, auch deshalb, weil sie ja auch geradezu getadelt worden ist. Sie hat sich zurückgezogen und konnte dir im vollsten Sinne des Wortes nicht mehr in die Augen schauen. Vielleicht befürchtete sie Fragen, wie »Wie ist denn das passiert? Wie konnten Sie sich bloß so täuschen«, oder Kommentare wie »So ein Reinfall, jetzt stehen Sie aber ganz schön blöd da!« Schneck hatte verstanden und spürte eher Mitleid und Anteilnahme statt Kränkung oder gar Ärger.

Am anderen Tag saß sie in der Kantine, ganz allein an einem Tisch. Schneck begrüßte sie freundlich, setzte sich zu ihr und sagte kein Wort. Nach kurzer Zeit fing sie an zu erzählen und schüttete ihm ihr Herz aus.

Das Gesetz des Effektes

Herr Schnoof transportierte Akten und andere Schriftstücke zwischen verschiedenen Büros hin und her und war auch für andere kleine Dienste zuständig. Er betrat mehrere Male am Tag Schnecks Dienstzimmer und tauchte auch sonst öfter in seinem Blickfeld auf. Er beließ es dabei bei einer teilnahmslosen, gerade noch korrekt zu nennenden Höflichkeit, war sehr wortkarg und schaute einen so gut wie nie an.

Schneck, der angefangen hatte, sich stärker für Menschen zu interessieren, stellte sich die Frage »Warum verhält er sich so? Ist er so von Natur aus? Will er uns zeigen, dass er uns, die Herren Geschäftsleute und Manager, im Grunde genommen verachtet, oder ist er schwer magenkrank?«

Nichts von alledem, entschied Schneck nach ein paar Tagen der Beobachtung. Er verhält sich so, weil wir ihn geradezu dazu erzogen haben. Wir nehmen ihn gerade mal wahr, aber mehr als ihn beachten wir das, was er uns bringt. Vielleicht ein kurzes Nicken, ein »Tag, Herr Schnoof« und nie etwas darüber hinaus. Er wird nie ermutigt sich anders zu verhalten, durch Aufmerksamkeit, ein nettes Wort oder gar durch Interesse an seiner Person. Er hat zu klopfen, die Tür zu öffnen, die Akte auf den Tisch zu legen, »Bitte schön« zu sagen und wieder zu verschwinden. Er ist so wie er ist, weil wir ihn so gemacht haben und weiter durch unser Verhalten in dem Zustand belassen.

Schneck beschloss ein durchaus vertretbares psychologisches Experiment durchzuführen. Als Schnoof das nächste Mal sein Büro betrat, bedankte Schneck sich für die Akte und sagte dann, mehr beiläufig: »Ich habe erfahren, Sie sind aus Bamberg (er hatte kurz recherchiert). Wie kann man einem so reizenden Städtchen den Rücken kehren?« Schnoof schien einigermaßen erstaunt, murmelte etwas von den »Zwängen des Lebens« und wollte hinaus schlurfen. »Ich wusste nicht, dass man sich in Bamberg um Zwänge schert«, sagte Schneck, weil er durch eine ungewöhnliche Aussage seine Aufmerksamkeit wecken wollte. Nun drehte sich Schnoof voll um und sagte: »Wie meinen Sie das? Kennen Sie Bamberg?« Und es entwickelte sich ein kurzes Gespräch. Dann verließ er das Büro, etwas beschwingter als sonst.

Als Schnoof das nächste Mal Schneck begegnete, schaute er ihn erwartungsvoll an. Schneck blieb stehen und erkundigte sich nach diesem und nach jenem. Und so ging es weiter. Herrn Schnoofs Verhalten wurde zusehends lockerer und er fing an zu reden. Er schien sich geradezu äußerlich wie innerlich aufzurichten, lächelte, schimpfte aber auch gelegentlich. Aber auch anderen Mitarbeitern gegenüber wurde er anders, fast hätte ich gesagt, fordernder. So als wolle er sagen: »Nun kommt, ich bin auch da! Es gibt mich! Behandelt mich wie einen Menschen und nicht wie ein Stück Möbel.«

Sie wiederum mussten geradezu darauf reagieren, und bald wurde das periodische Auftauchen des Schnoof in den Büros zu einer willkommenen Abwechslung. Und das alles ging wie von selbst vonstatten, ohne das irgendjemand sich bemüßigt gefühlt hätte, sich groß Gedanken darüber zu machen.

Was war passiert? Was hatte Schneck in seinem kleinen Experiment mit so segensreichen Folgen in Gang gesetzt?

Er hatte ganz einfach auf ein Gesetz gebaut, das eines der wichtigsten der ganzen Psychologie ist, das Gesetz des Effektes. Es besagt: Handlungen, die angenehme Folgen haben, werden in Zukunft wieder ausgeführt und sogar ausgebaut; solche, die keine nennenswerten Folgen haben, werden in Zukunft verkümmern oder ganz unterlassen werden.

Die Handlung, um die es hier ging, war Schnoofs Auftritt, seine Kontaktaufnahme zu den anderen, sein halb verschlucktes »Tag«, sein Überreichen der Akten usw. Bislang hatte kaum jemand in für Schnoof deutlich wahrnehmbarer Weise reagiert. Das hatte den Effekt, dass sein bescheidenes »Annäherungsverhalten« immer weniger wurde, bis es schließlich auf die allernotwendigsten Bewegungen reduziert war.

An der Stelle hatte Schneck eingegriffen. Jedes Mal, wenn Schnoof nunmehr auftrat, reagierte Schneck für ihn wahrnehmbar deutlich positiv. Mit Aufmerksamkeit, Zuwendung, Interesse, ja gelegentlich sogar mit einem positiven Kommentar wie einem kleinen Lob. Der Erfolg dieser kleinen Maßnahme war verblüffend. Schnoof lebte geradezu auf, in relativ kurzer Zeit. Er traute sich immer mehr zu, weil er immer wieder die Erfahrung machte, dass Schneck positiv darauf reagierte. Bald trat er, ermutigt durch seine Erfolge, auch anderen gegenüber deutlicher, wahrnehmbarer, in einem Wort: mehr als ganzer Mensch auf. Das wiederum löste bei den anderen Aufmerksamkeit aus. Sie fingen an, ihn zum ersten Mal richtig zu sehen, mit seiner komischen Fliege und mit seiner ruhigen, aber nicht unterwürfigen Art. Und so ging es weiter.

Bei anderen positive Verhaltensweisen aufzubauen, indem man immer wieder positive Reaktionen folgen lässt, ist eines der wichtigsten Prinzipien der Psychologie. Es ist eine sehr verlässliche Möglichkeit, jemanden zu verändern. Enthalten wir ihm aber jedwede positive Reaktionen vor, wenn er etwas macht, so werden wir feststellen, dass er immer weniger unternimmt. Das gilt erst recht dann, wenn wir ihn für seine Ansätze bestrafen.

Nachdem er die beeindruckenden Erfolge seines Experimentes über »Verhaltensänderung durch positive Konsequenzen« für sich ausgewertet hatte, begann Schneck sich systematisch dieses wirkungsvollen Instrumentes zu bedienen. Er verstärkte konsequent gute Ansätze bei seinen Mitarbeitern, indem er sie beachtete, ihnen Fragen stellte und positive Kommentare dazu abgab, aber nur dann, wenn sie ihm angebracht erschienen. Wenn das alles auf eine ganz natürliche, nicht aufgesetzte Art geschieht, wird das niemand groß auffallen, so dass er sich etwa die Frage stellen muss: »Was läuft denn da ab?«

Das Klima wird einfach freundlicher und jemand, der so agiert, wird in zunehmendem Maße als nett, hilfreich und kooperativ angesehen. Oft färbt diese Art geradezu ab und andere beginnen, es ihm nachzumachen.

Das bedeutet nicht, dass nicht auch einmal Konflikte, Streitigkeiten, Motzereien oder gar Feindseligkeiten auftreten können. Aber insgesamt werden die Beziehungen besser. Derjenige, der sich geschickt (und dagegen ist ja nichts einzuwenden) dieser Vorgehensweise bedient, verfügt über ein wirksames Mittel, um andere aufzubauen, zu deren Nutzen und auch zu seinem.

Regel der Gegenseitigkeit

Die Regel der Gegenseitigkeit ist einer der wichtigsten Grundsätze, die das menschliche Zusammenleben prägen. Sie besagt, dass jemand, der sich uns gegenüber auf eine bestimmte Art verhält, einen Anspruch darauf hat, dass wir ähnlich mit ihm verfahren. Wenn wir etwas von jemandem bekommen haben, so weckt das in der Regel ein starkes Gefühl der Verpflichtung, uns für die »Gabe« zu revanchieren. Wir wollen unsere Schuld dem anderen gegenüber so abtragen, dass wir wieder quitt sind. Man kann dabei geradezu von einem »seelischen Mechanismus« sprechen, den Forscher in so gut wie allen Kulturen auffinden konnten. Geben und Nehmen erscheint uns als ein Ideal, wenn es um die Beziehungen zwischen Menschen geht. Wer nur gibt und nichts zurück erhält, fühlt sich ausgebeutet und wird von den anderen als Tölpel (oder als Heiliger) angesehen. Wer nur nimmt, ist entweder ein abgefeimter Schurke oder völlig ohne Feingefühl. Andere sehen in ihm den typischen Schnorrer. Geben und Nehmen erzeugt unter Menschen ein feines Netz von gegenseitigen Abhängigkeiten und sorgt für einen Zusammenhalt über angenehme und nützliche Dinge: Geschenke materieller Art, Unterstützung, Hilfe, Förderung, bis hin zum Verzicht auf eigene Vorteile zugunsten eines anderen, in dessen Schuld man steht.

Wäre es nicht zu jedermanns Vorteil, hatte sich Schneck gefragt, wenn ich mich dieses Gesetzes bediente? Dabei muss man nicht zu Beginn des Austauschs um einen Gefallen gebeten werden, es funktioniert auch, wenn man von sich aus auf einen anderen zugeht und ihm eine Freundlichkeit erweist.

Schneck begann wieder mit einem seiner hilfreichen Versuche. Er hatte sich vier Personen dafür ausgesucht. Der einen Dame, die wieder einmal nach Paris aufbrechen wollte, hatte er ungefragt einen kleinen Stapel auf den Schreibtisch gelegt. Da war eine kleine Schrift über ein reizendes altes Stadtviertel, der Marais, ein kleiner Führer über gute, aber bezahlbare Restaurants und eine Vorstellung interessanter Museen, für den Fall, dass Disneyland abgebrannt und der Eiffelturm eine neue Farbschicht erhalten würde. Herrn Klotz, der bei ihm geklagt hatte, gab er ein paar Tipps über den Umgang mit zwei neuen Kollegen, die seine Autorität nicht so richtig anerkennen wollten. Schließlich drückte er den Tandemfahrern gegenüber ausdrücklich sein Interesse aus, ihren Verband durch eine kleine finanzielle Gabe zu unterstützen, bemühte der sich doch um die Konstruktion eines Doppeltandems.

Auf die vier konnte er sich in den nächsten Wochen und Monaten bedingungslos verlassen. Sie unterstützten ihn, wo sie nur konnten. Zu behaupten, sie seien ihm hörig geworden, wäre eine Übertreibung, aber er erfuhr viele Nettigkeiten und manche Hilfe, auch bei durchaus ernsten Angelegenheiten. Nach einiger Zeit war Schneck wieder an der Reihe, und die anderen rechneten schon fast fest damit. Mit der Zeit würden andere einsteigen, so schafft man Gutes unter den Menschen. Auch einen Imbissstandführer mit genauer Beschreibung der verwegensten Hamburgerspezialitäten aus Disneyland nennt Schneck nun sein eigen.

Taktgefühl

War Schneck zu einem rückratlosen Opportunisten, ja, zu einem Schmeichler geworden? Nein, in keiner Weise (so zeigte er z. B. deutlich seine Verachtung jedem gegenüber, der auch nur einmal »in keinster Weise« von sich gegeben hatte).

Er ging keinem Konflikt aus dem Weg und war durchaus in der Lage seinen Standpunkt durchzusetzen, wenn er sicher war, im Recht zu sein. Doch daneben war er zu der Ansicht gelangt, dass viel zu wenig Positives zwischen Menschen abläuft. Aus Gleichgültigkeit, Faulheit oder einfach aus der täglichen Routine heraus werden Menschen übersehen, und vieles an ihnen, das gefördert gehörte, wird ignoriert und verkümmert dann. Er hatte es am eigenen Leib erfahren, und in erster Linie dagegen reagiert. Aber er wollte die anderen auch so behandeln, wie er behandelt werden wollte.

Ein Schmeichler hofiert immer nur bestimmte Personen, die ihm am nützlichsten erscheinen. Das macht er dann undifferenziert und gaukelt den anderen ein Bild von sich selber vor, das dann in seiner Übertreibung nicht mehr der Wahrheit entspricht. Zu den anderen verhält er sich lieblos, gleichgültig oder reagiert sich an ihnen ab für seine Liebedienereien den Großen gegenüber.

Schneck sagte meist die Wahrheit, aber sagte er immer, bei jeder Gelegenheit, jede Wahrheit? Glücklicherweise nicht, denn er besaß Taktgefühl. Takt gehört in den Bereich der Empathie. Es ist die Fähigkeit, die Folgen, vor allem die gefühlsmäßigen, zu berücksichtigen, die eine Tat oder eine Aussage für andere haben könnten. Bezieht man das ins Kalkül mit ein, so sieht manches ein bisschen anders aus.

Man kann das Vertrauen, das man in jemanden hat, definieren: Es ist das Vertrauen in die Kompetenz und die Bereitschaft anderer, dass sie keinen Schaden anrichten, sondern sorgsam mit den Dingen umgehen werden, die uns am Herzen liegen und die wir in ihre Obhut gegeben haben. Jemandem die Wahrheit zu sagen oder die Wahrheit über jemand zu sagen, ist sicherlich ein hoher Wert, aber kein absoluter. Die Konsequenzen, die sich für andere daraus ergeben, dürfen dabei nicht übersehen werden. Auf seine Klugheit kann sich nur der etwas einbilden, der weiß, wie man von der Wahrheit sorgfältig Gebrauch macht. Auf sein Taktgefühl auch, können wir hinzufügen.

Was ist die Wahrheit? Das ist die zentrale Frage vielleicht für Philosophen. In vielen Fällen lautet die menschlichere Frage: »Ist es vertretbar auf der Stelle jedem das zu sagen, was ich für wahr halte?«

Schneck war weder ein Lügner noch ein Schmeichler geworden. Aber er dachte öfter: »Wie undelikat wäre an dieser Stelle totale Aufrichtigkeit, ohne Rücksicht auf die Folgen.«

Wachsen im Kopf: Drei Übungen, um die Person zu werden, die man immer schon sein wollte

Es ist nicht so, dass Schneck auf seinem Weg nicht auf Hindernisse gestoßen wäre, äußere wie innere. Da gab es schwierige Situationen und Probleme, die nicht einfach zu lösen waren. Auch von Neid und Missgunst wurde er nicht verschont. Aber auch innere Schwierigkeiten traten mehr als einmal auf. Manchmal fühlte er sich direkt überfordert und spürte so etwas wie Entmutigung: Warum immer kämpfen, wozu das alles? Mehr als einmal hätte er fast aufgegeben und drohte in den alten Trott zurückzufallen. Dann merkte er, dass er noch weit von seinem Ideal entfernt war und noch viel an sich arbeiten musste. Doch er gab nicht auf und machte weiter.

Für all diese Schwierigkeiten hatte er sich eine Reihe wertvoller Hilfen erarbeitet: Einfache Übungen, die leicht durchzuführen sind und nicht viel Aufwand verlangen, weil sie in seinem Kopf durchgeführt werden konnten, in seiner Phantasie und in seiner Vorstellung. Sie stammen aus der Verhaltenstherapie, ein Verfahren, das auf den Erkenntnissen der Psychologie fußt und Menschen über viele Schwierigkeiten hinweghelfen kann. Einige Übungen will ich kurz vorstellen.

Übung 1: Den Arbeitstag »verdauen«

So nannte Schneck eine seiner Übungen, die bald fast zu einer Zeremonie wurden. Wenn er nach einem anstrengenden Tag nach Hause kam (er lebte damals noch allein) machte er es sich in seinem Lieblingssessel bequem, schloss die Augen und versuchte erst einmal sich zu entspannen. Er hatte nicht vor, die Ereignisse des Tages nach ihrer zeitlichen Abfolge Revue passieren zu lassen, sondern er hielt sich offen und wartete, was von selbst »hochkam«. Wenn sich die Erinnerung an eine bestimmte Begebenheit, wie eine etwas stürmisch verlaufene Arbeitsbesprechung, einstellte, so ließ er sie auf sich wirken. Traten irgendwelche Gefühle wie Ärger dazu, so versuchte er nicht, sie wegzudrücken, sondern ließ sie sozusagen »gewähren«. Er wollte sich weder hineinsteigern (»Dieser blöde Kerl, wie konnte der bloß ...«), noch war er darauf aus zu verdrängen (»Ich darf mich über so etwas nicht ärgern. Das kommt nicht in Frage«). Nach einiger Zeit merkte Schneck, dass sich von selbst etwas tat in seinem Kopf. Das Gefühl verblasste und wurde nach und nach schwächer. Parallel dazu fing er an, die entsprechende Situation mit anderen Augen zu sehen. Ihre Bedeutung relativierte sich und manche Lösungsmöglichkeiten für den nächsten Tag kamen ganz von selbst, ohne dass er gezielt danach gesucht hätte. Vielleicht kam noch dies oder jenes hoch und Schneck blieb einige Zeit dabei. Doch nach und nach schrumpfte der ganze Arbeitstag in seiner Wichtigkeit immer mehr zusammen. Er fing an, mehr und mehr der Vergangenheit anzugehören: Er hatte manches Gute gebracht, aber auch das eine oder andere, was nicht so erfreulich war. Schneck dachte, was soll's, so ist das halt.

Er wurde innerlich immer ruhiger und allmählich wanderten seine Gedanken in Richtung Feierabend, zu dem, was er noch unternehmen wollte – wenn er deutlich den Eindruck hatte, dass der ganze Tag verdaut war, ging das oft mit einem großen Gefühl der Erleichterung einher.

Übung 2: Arbeit am Ideal

Schneck hatte eine klare Vorstellung davon, wie er sein wollte, aber er merkte oft genug, dass er noch nicht so weit war. Der Mensch ist träge, Veränderungen an der eigenen Person fallen ihm oft schwer, und er neigt dazu, immer wieder in die alten Fehler zurückzufallen. Schnecks Bemühungen, sich positiv zu verändern, galten in erster Linie seinem alltäglichen Verhalten, das er in den von ihm ausgesuchten Punkten zu verbessern versuchte.

Aber er hatte auch darüber gelesen, dass es sehr nützlich sein kann, in der Vorstellung dafür zu trainieren.

Sportler gehen beim so genannten mentalen Training bestimmte Bewegungsabläufe immer wieder in der Vorstellung durch, und es gelingt ihnen auf die Art sie zu perfektionieren. Menschen können auch andere Anteile ihres Verhaltens, etwa im Umgang mit anderen, auf die Art üben. Dadurch wird es ihnen möglich, sich immer besser damit zu identifizieren. Indem sie dabei bestimmte kritische Situationen immer wieder in den Brennpunkt der Aufmerksamkeit rücken, fällt ihnen das Verhalten, für das sie sich entschieden haben, immer leichter.

Schneck hatte vor längerer Zeit, wie wir wissen, darüber nachgedacht, welche seiner Eigenschaften er noch ausbauen wollte. Das Endprodukt, das er erreichen wollte, nannte er sein idealisiertes Selbstbild: So sollte der Schneck einmal sein. Deutliche Fortschritte sollten es werden, aber durchaus realistische.

Er begann in der Vorstellung das Verhalten des idealen Schneck zu üben. Er suchte sich charakteristische, aber auch etwas schwierige Situationen aus wie: ein offenes Gespräch mit einer Kollegin, die offensichtlich Probleme mit ihm hatte, ein Telefonat mit einer Frau, die ihm sehr am Herzen lag, die Verteidigung eines Projektes bei einer Chefin, oder seine Kandidatenrede als Vorsitzender eines Vereins, der in seiner Freizeit eine nette Rolle spielte.

Dann schloss er die Augen und stellte sich zuerst den Rahmen der entsprechenden Situation vor: Wo würde sie sich abspielen, wer waren die Beteiligten usw. Erst wenn Schneck in seiner Phantasie ein einigermaßen klares Bild hatte, kam sein Auftritt. Wie würde er zur Tür hereinkommen, wie bewegte er sich, was dachte er dabei, wie fühlte er sich? Wie tritt er den anderen gegenüber, wie spricht er, was sagt er usw.? Schneck ging innerlich die Szene immer wieder durch, bis er zufrieden mit dem Endprodukt war. Dann beendete er die Situation und konnte die Bühne verlassen.

Aber auch in Wirklichkeit übte er regelrecht, sich so wie der ideale Schneck zu verhalten. *Ich bin etwas abgespannt und schlecht gelaunt und würde mich am liebsten verkriechen. Kein toller Tag, bis jetzt. Aber ich gehe jetzt doch in die Kneipe. Und zwar so, wie es meinem Idealbild entspricht. So, ich richte mich innerlich auf und jetzt gehe ich los. Ich werde freundlich und offen zu denen sein, die mir über den Weg laufen. Ein fester Blick für jeden, ein warmer Händedruck, ein nettes persönliches Wort. Es wird schon gehen.* Es ging, und die schlechte Laune war bald dahin.

Auf die Art gelang es Schneck, sich immer besser mit dem gewünschten Verhalten zu identifizieren, und es fiel ihm immer leichter. Er hatte nie dabei den Eindruck, Theater zu spielen und unecht zu sein, sondern lediglich das gute Gefühl, an sich zu arbeiten.

Übung 3: Erfolge beginnen im Kopf

Auch Schneck war manchmal müde, ängstlich, belastet, entmutigt oder hatte irgendwo sein Ziel nicht erreicht. Dann griff er zu einer Methode, die auf Alltagserfahrungen der meisten Menschen basiert. Wenn sie erhöhten Belastungen ausgesetzt sind oder an einem Stimmungstief leiden, so greifen sie spontan zu angenehmen Tagträumen. Sie malen sich dann zukünftige Situationen aus, bei denen sie eine besonders gute Figur machen oder wo für sie angenehme Ereignisse stattfinden. Auf die Art wecken sie in sich eine angenehme Perspektive bezüglich der Zukunft, fassen wieder Mut und erleben dabei eine Verbesserung der Stimmung. Gleichzeitig werden sie auf angenehme Art von aktuellen Sorgen und Grübeleien abgelenkt.

Hier ein Beispiel. Er war sehr im Zweifel darüber, ob ein berufliches Projekt von Erfolg gekrönt sein würde. Statt Trübsal zu blasen oder unentwegt über die Schwierigkeiten zu sinnieren, beschloss er einen radikalen Perspektivenwechsel. Das kriege ich schon hin, sagte er sich, und dann: Wie wird es sein, wenn die Sache gut gelaufen ist? Er machte es sich bequem und malte sich der Reihe nach eine ganze Anzahl von Szenen aus. Da war die, wo er kurz vor der Entscheidung seine Vorstellungen ein letztes Mal brillant vor sehr beeindruckten Mitarbeitern verteidigt. Bei der nächsten Szene war alles gelaufen. Er verließ die Firma, es war ein wunderschöner Sommerabend. Schneck ging ein ganzes Stück zu Fuß, unter Bäumen, und genoss seinen Erfolg. Dann: Am selben Abend, das Rendezvous mit einer bestimmten Dame. Er erzählte von der Sache, und sie bewunderte ihn sehr. Das Essen war vorzüglich, fast wie im Marais, der Wein nicht aus Sachsen, und schließlich legte er seine Hand auf ihre Hand.

Im Lauf der Zeit sagten viele Menschen immer häufiger: »Ja, Herr Schneck.«

Das war so, weil er immer häufiger Sätze gebrauchte wie:

- Schön, dass Sie mitmachen!
- Gemeinsam werden wir das schon schaffen.
- Es ist unser Problem, nicht meines oder Ihres.
- Wir machen alle manchmal einen Fehler.
- Ich habe mich da geirrt.
- Das habe ich gut gemacht, davon bringt mich keiner ab.
- Gehen wir in Ruhe die Sache noch einmal durch.
- Wissen Sie, ehrlich gesagt, das weiß ich auch nicht.
- Darüber muss ich in Ruhe nachdenken.

- Er spielt halt seine Rolle. Regen wir uns doch nicht immer wieder darüber auf.
- Wir lassen uns nicht so unter Druck setzen. Gehen wir erstmal in Ruhe einen Kaffee trinken.
- Ich nehme Ihnen das wirklich nicht übel, Sie haben mein Wort.
- Überlegen Sie in Ruhe, ob Sie das wirklich so machen wollen.
- Es gibt ein Problem zwischen uns. Sollten wir nicht darüber reden?
- Können wir das nicht erst einmal überschlafen?
- Dazu will ich jetzt nicht Stellung nehmen.
- Sie dürfen mir ruhig widersprechen. Das kann ganz hilfreich sein.
- Sagen Sie mir doch klar, was Sie wollen, und ich werde darüber nachdenken.
- Sie haben mir sehr geholfen, ich werde es nicht vergessen.
- Ich bin absolut nicht mit Ihnen einverstanden. Jetzt sage ich Ihnen, warum.
- Ich bin sehr unglücklich über Ihr Verhalten, aber das wird sich schon legen.
- Ich habe ein Anrecht darauf, dass Sie meine Leistung anerkennen.
- Ich merke, Sie fühlen sich nicht wohl dabei, und ich auch nicht. Was können wir jetzt tun?
- Ich finde Sie wunderbar!

Vor allem sagte er häufig: »Ich will wirklich ...«

Er führte nicht Buch darüber, es kam ganz von selbst. Er hatte sich sehr verändert, bei der Arbeit und auch anderswo. Bei all dem galt er weder als Weichling noch als autoritäres Ekel.

Doch lassen wir Schneck. Ob er schon im Vorstand ist? Nein, noch nicht, Geduld. Aber er hat geheiratet. Nein, nicht die Tochter des Chefs, die doch nicht. Die eine Kollegin. Sie wissen ja ... Wie er das gemacht hat?

Das wollen Sie wirklich wissen? Alles begann damit, dass er ihren Vater schwer beeindruckt hat. Durch seine schnell erworbenen Spezialkenntnisse, den verwegenen Gegenstoß der vierten Panzergrenadierdivision betreffend, bei der Schlacht am Kursker Bogen.

Andere überzeugen

Ist jeder Mensch eine Insel? Leben alle beziehungslos nebeneinander her? Glücklicherweise nicht. Menschen unterhalten die vielfältigsten Beziehungen untereinander. Sie arbeiten zusammen, aber auch gegeneinander. Sie lieben sich, sind sich gleichgültig oder bekämpfen einander aufs bitterste. Sie ziehen sich an, stoßen sich ab oder gehen teilnahmslos aneinander vorbei. Kurzum, sie befinden sich inmitten eines unendlich komplizierten Netzwerkes gegenseitiger Wechselwirkungen. Eine wichtige Folge dieser Abhängigkeiten ist ein ständiger Prozess der gegenseitigen Beeinflussung. Das ganze Leben über werden wir von anderen beeinflusst und beeinflussen andere. Ob es uns bewusst ist oder nicht, ob wir es wollen oder nicht. Andere werden durch unser Verhalten ihnen gegenüber geprägt, wir lehren, lernen, üben Druck aus, belohnen, bestrafen, manipulieren und versuchen zu überzeugen. Umgekehrt ist es natürlich dasselbe.

Bleiben wir bei dem Begriff »Überzeugen«. Dem Versuch, jemanden überzeugen zu wollen, geht eine Absicht auf meiner Seite voraus und zwar die Absicht, eine Veränderung bei meinem Gesprächspartner zu bewirken. Verändern wollen kann sich auf seinen Wissensbestand, aber auch auf seine Einstellung zu bestimmten Dingen beziehen. In der Regel aber ist das letzte Ziel meiner Absicht eine Verhaltensänderung bei ihm zu bewirken.

Wenn es mir gelungen ist, jemanden von etwas zu überzeugen, so wird die Veränderung einigermaßen dauerhaft sein, d.h. sie wird auch dann anhalten, wenn ich nicht mehr unmittelbar Einfluss auf ihn ausübe.

Eine erfolgreiche Überzeugungsarbeit ist also strikt zu unterscheiden von einer zeitweiligen Veränderung, die ich dadurch erreiche, dass ich einen starken Druck auf jemanden ausübe. Im letzten Fall würde ich besser sagen: Ich zwinge ihn zu etwas.

Überzeugung ist auch nicht gleichzusetzen mit überreden, beschwatzen oder überrumpeln. Dabei gelingt es mir nur kurzfristig, den anderen in seinem Standpunkt zu verwirren. Es sieht dann kurze Zeit so aus, als würde er mir Recht geben, weil ich ihn aus dem Konzept gebracht habe. Doch meistens dauert dieser Effekt nicht lange. Der andere findet in der Regel mehr oder weniger schnell zu seinen alten Ansichten zurück, da sie nicht dauerhaft verändert worden sind.

Auch mit Manipulation hat Überzeugung nichts zu tun. Jemanden zu manipulieren heißt, bei ihm eine Veränderung bewirken zu wollen, die einzig und allein zu meinem Vorteil gereichen würde, wobei eventuelle negative Folgen für den anderen oder auch für Dritte bewusst in Kauf genommen werden.

Überzeugen muss selbstverständlich auch strikt von täuschen oder belügen unterschieden werden. Ein Überzeugungsversuch hat so zu sein, dass er einem anständigen und ehrlichen menschlichen Umgang entspricht.

Das alles bedeutet allerdings nicht, dass ich mir nicht überlegen darf, wie ich jemanden am besten von etwas überzeugen kann.

Ein korrekter Überzeugungsversuch muss also zwei Arten von Kriterien standhalten. Einmal muss der, der überzeugt worden ist, vernunftmäßig auch später zu dem Urteil gelangen: Mein Gegenüber hatte Recht, er oder sie hat richtig argumentiert. Zum anderen muss der Überzeugungsversuch moralischen Kriterien genügen. Der Überzeugte muss sich auch später sagen können: Das hat mir geholfen, der Rat war richtig.

Von einer solchen Überzeugung wird in der Folge

allein die Rede sein. Überzeugen wollen setzt einen Konflikt voraus, zumindest auf der Ebene von Meinungsverschiedenheiten zwischen den Beteiligten. Dabei ist es eine sanfte Konfliktlösungsmethode. Sie findet ausschließlich im Rahmen eines Gesprächs statt und soll zum Ergebnis haben, dass alle etwas Positives dabei gewinnen.

Die Fähigkeit, in persönlichen Gesprächen, seien sie beruflicher oder privater Natur, zu überzeugen, ist ein wichtiger Bestandteil der »sozialen Kompetenz«. Damit sind die Möglichkeiten gemeint, über die wir verfügen, um auf andere Einfluss zu nehmen und nicht bei Meinungsverschiedenheiten immer den Kürzeren zu ziehen. Insofern ist ein hohes Maß an sozialer Kompetenz ein wichtiges Instrument bei der Selbstverteidigung im Alltag und bei Konflikten, wie sie immer wieder auftreten können. Vorausgesetzt man hat gute Argumente, sollte man auch in der Lage sein, sie so zu präsentieren, dass man nicht von vornherein chancenlos ist. Dabei kann wiederum die Psychologie wertvolle Hilfestellung leisten.

Erfolgreich überzeugen

Jemanden überzeugen wollen ist keine leichte Aufgabe. Menschen neigen dazu, an ihren bisherigen Einstellungen fest zu halten, teils, weil sie glauben, dass sie sich bewährt haben, teils, weil sie das Gefühl haben wollen, sich selber treu zu bleiben. Man ändert nicht alle fünf Minuten seine Meinung und schon gar nicht sein Verhalten, das wäre ja auch nicht empfehlenswert.

Wenn wir uns ansehen, wie erfolgreiche Überzeugungsversuche funktionieren, so fällt auf, dass sie ganz charakteristische Muster aufweisen. Die wichtigsten möchte ich nun kurz schildern und anhand von alltäglichen Situationen illustrieren. Vielleicht mag jemand an der einen oder anderen Stelle denken: So reden Menschen selten miteinander. Wenn das so ist, finde ich es schade. Ich meine, sie sollten es öfter tun. Das würde das allgemeine Klima wohl kaum verschlechtern.

Überzeugen durch Empathie, Ermutigung und Hilfestellung

A: Übrigens, du wolltest zur Ärztin gehen, was hat sie gesagt?

B: *Das ist kein Problem mehr für mich, wir brauchen nicht darüber zu reden. Ich bin nicht gegangen.*

A: ...

B: *Interessiert es dich denn nicht, warum ich nicht gegangen bin?*

A: Doch, aber wenn du nicht darüber reden willst, so ist das in Ordnung für mich. Wenn ich mir trotzdem ein wenig Sorgen mache, so ist das mein Problem, wie man heute so schön sagt.

B: *Du machst dir Sorgen?*

A: Ja.

B: Warum?

A: Machst du dir nicht auch ein wenig Sorgen?

B: *Ehrlich gesagt doch, aber trotzdem ...*

A: Siehst du, ich auch, so einfach ist das.

B: *Ach, ich mach es mir so schwer. Eigentlich bin ich feige. Du kannst mich ruhig ausschimpfen.*

A: Ich verstehe dich sehr gut. Mir ist das Gleiche vor drei Jahren passiert.

B: *Wirklich?*

A: Soll ich dir erzählen, wie es gewesen ist?

B: *Ja, bitte.*

A: Ich hatte einfach Angst zum Arzt zu gehen, genau so, wie du jetzt. Irre ich mich da?

B: *Nein, du hast Recht.*
A: Ich habe mich immer wieder herausgeredet. Ich habe immer neue Entschuldigungen gefunden, um nicht gehen zu müssen. Ist es auch bei dir so?
B: *Ja.*
A: Was macht es dir denn so schwer, dich noch einmal untersuchen zu lassen?
B: *Nun, vor allem die Angst, dass sie beim zweiten Mal doch feststellt, dass etwas nicht in Ordnung ist.*
A: Und weiter?
B: *Dass sie mir dann jede Hoffnung nimmt und sagt, es hat alles keinen Zweck mehr.*
A: Könnte es sein, dass sie auch etwas anderes sagt.
B: *Nun, sie könnte sagen: Es gibt da etwas und das müssen wir behandeln. Dann gerate ich in eine Situation, in der ich völlig hilflos bin. Man macht ständig etwas mit mir und ich kann mich nicht wehren.*
A: Sind es diese Gedanken, die dir Angst machen?
B: *Ja, so ist es. Ich kriege geradezu Panik, so wie jetzt auch. Mein Gott ist das schrecklich, wenn man schwer krank ist.*
A: Ist es schrecklich oder wäre es schrecklich?
B: *Du meinst, es ist ja noch nicht so weit.*
A: Genau das meine ich. Sie könnte auch ganz etwas anderes sagen. Was z. B.?
B: *Ich habe alles untersucht, es ist harmlos und kein Grund zur Sorge. Meinst du, das könnte sein?*
A: Du stellst dir immer nur die allerschlimmsten Fälle vor. Kein Wunder, dass du in Panik gerätst. Was hat die Ärztin denn bei deinem letzten Besuch gesagt?
B: *Sie hat gesagt: »Ich würde Ihnen empfehlen, in den nächsten 3 Monaten noch mal eine Untersuchung durchführen zu lassen, damit wir ganz sicher gehen.«*
A: Hätte sie nicht auch sagen können: Kommen Sie unbedingt morgen wieder, die Untersuchung muss gleich durchgeführt werden?

B: *Ja, doch.*
A: Wofür spricht das?
B: *Dass die Ärztin vielleicht doch nicht so beunruhigt war.*
A: Das scheint mir ziemlich sicher.
B: *Es klingt danach. Aber ich habe solche Angst. Werde ich die je los werden?*
A: Es gibt nur eine Möglichkeit, sie loszuwerden.
B: *Mich untersuchen zu lassen?*
A: Das ist die einzige Möglichkeit. Stelle dir vor, du kommst von der Ärztin. Ich warte im Café. Du kommst zur Tür herein und strahlst. Wäre das was?
B: *Himmlisch. Du würdest mitkommen?*
A: Aber ja. Nun überschlafe die Sache. Wenn du dich entschieden hast, kommst du morgen Vormittag zu mir und wir machen einen Termin. Wenn du dich nicht dazu entschließen kannst, dann ruf mich an und wir sehen weiter.
B: *Ich fühle mich schon besser.*
A: Das ist erst der Anfang. Morgen Vormittag bei mir, wenn du es wirklich willst.

Kommentar

1. A ist die ganze Zeit bemüht, ihre Freundin nicht zu bedrängen oder »in die Mangel zu nehmen«. Das würde höchstens Widerstand erzeugen. Die andere würde sagen, es sei allein ihre Angelegenheit, und sich noch mehr zurückziehen. Gleichzeitig zeigt A Interesse an der Lage der Freundin und gibt zu, dass sie sich ein wenig Sorgen macht.
2. Sie zeigt Verständnis für Bs Verhalten, weil sie sich gut in ihre Gefühle hineinversetzen kann. Sie bringt ein eigenes früheres Erlebnis in das Gespräch ein: Vor einiger Zeit ging es ihr genauso. Sie bekennt, damals Angst gehabt zu haben, und erleichtert es der Freundin ihrerseits zuzugeben: »Angst ist das Haupt-

motiv meines Verhaltens.« Sie reduziert damit auch bei B Selbstvorwürfe und Schuldgefühle: Ich bin ja bloß feige.

3. Dann klärt A mit der Freundin deren Angstfantasien: Sie könnte eine tödliche Krankheit haben oder müsse sich bestenfalls einer schwierigen Therapie unterziehen.
4. A zeigt ihr auf, dass das die schlimmstmöglichen Annahmen sind, für die bislang nicht viel spricht, insbesondere nicht das Verhalten der Ärztin.
5. Schließlich betont sie die Vorteile, die darin liegen, sich der Situation zu stellen und bietet gleichzeitig ihre Hilfe an. Sie versucht bei der Freundin eine positive Perspektive zu etablieren (Erleichterung nach dem Besuch). Sie wird ihr aber auch dann zur Seite stehen, falls sie sich nicht dazu entschließen kann. Zuletzt vermeidet sie es, die Freundin festzunageln (»Ruf doch gleich an«), damit sie nicht noch im letzten Moment einen Rückzug macht. Sie soll es »überschlafen«. Dadurch wird eine sich anbahnende Einstellungsänderung solider und führt mit größerer Wahrscheinlichkeit zum entsprechenden Verhalten.

Überzeugen durch Verdeutlichung von Konsequenzen

A: Du, ich bin doch noch einmal vorbeigekommen. Willst du wirklich nicht zu dem Grillfest mitkommen? Du warst bei meinem Anruf plötzlich so unentschlossen

B: *Ach, nein, ich denke, es ist besser, wenn ich zu Hause bleibe und lerne.*

A: Hättest du denn Lust mitzukommen?

B: *Ja. Lust hatte ich schon.*

A: Warum wärst du denn gerne dabei?

B: *Es ist so ein schöner Tag. Ein wenig ausspannen wäre prima. Und es gibt ja auch jede Menge nette Leute dort.*

A: Meinst du, dass Marie auch kommt?

B: *Sie hat zumindest fest zugesagt. Es wäre schön, sie wieder zu sehen.*

A: Ja, ich denke, es wird ganz nett. Und was spricht dagegen mitzukommen?

B: *Du weißt, dass ich in vierzehn Tagen Prüfung habe.*

A: Ja, das weiß ich. Und?

B: *Ich denke, ich muss lernen. Es ist eine schwere Prüfung.*

A: Sie ist sicher nicht leicht. Wie steht's denn mit deiner Vorbereitung?

B: *Ach, ich fürchte, ich bin etwas im Hintertreffen.*

A: Etwas oder sehr?

B: *Schwer zu sagen. Ich war schon fleißig, aber man weiß nie, ob es reicht.*

A: Das erinnert mich alles an meine Studienzeit. Übrigens, wenn du lernst, spielt da deine Stimmung eine Rolle? Bei mir zumindest war es so.

B: *Ja, bei mir auch.*

A: Wie denn?

B: *Je entspannter und ausgeglichener ich bin, desto besser komme ich voran. Das merke ich immer wieder.*

A: Bei mir war es auch so. Das scheint immer so zu sein.

B: *Ja, sicher. Aber warum fragst du?*

A: Nun, ich versuche mir vorzustellen, in welcher Stimmung du sein wirst, wenn du weißt, wir sind alle auf dem Fest und du sitzt allein zu Hause. Was meinst du?

B: *Nun, ich muss versuchen, mich auf den Stoff zu konzentrieren. Es hilft ja alles nichts.*

A: Glaubst du, dass es dir gut gelingen wird?

B: *Ich weiß nicht. Vielleicht bin ich auch frustriert und schlechter Laune.*

A: Warum?

B: *Weil ich nicht dabei sein kann.*

A: Meinst du, dass du dann gut vorankommst?

B: *Ich weiß nicht, das ist alles so ärgerlich.*

A: Andererseits, wenn du heute noch einen netten Tag verbringen könntest, wie wäre das?

B: *Das wäre schon toll. Das würde mich aufmuntern.*

A: Aber du hast ja gesagt, du musst unbedingt heute arbeiten.

B: *Das habe ich nicht gesagt. Ich habe gesagt, ich sollte vielleicht.*

A: Das klingt schon etwas anders. Aber es ist deine Entscheidung.

B: *Findest du, ich sollte mitkommen?*

A: Wenn du meine Meinung wirklich hören willst, so sage ich sie dir. Wie ich dich kenne, so hängt nicht alles vom heutigen Nachmittag ab. Ich denke, daran wird deine Karriere nicht scheitern. Morgen fühlst du dich besser. So sehe ich das.

B: *Ach was, ich komme mit.*

A: Bist du da ganz sicher? Denke an die katastrophalen Folgen.

B: *Höre auf, mich zu veralbern. Gehen wir. Wie soll ich denn der Marie …*

Kommentar:

Hier gilt, wie für alle Überzeugungsversuche grundsätzlich: Man überlässt selbstverständlich dem anderen die letzte Entscheidung. Es geht ja in erster Linie um ihn selber. Er erhält nur eine neue Hilfestellung, um seine Entscheidung zu treffen. Das geschieht vor allem dadurch, dass ihm Aspekte der Situation deutlich gemacht werden, die ihm bislang vielleicht nicht so klar waren. Es wird dadurch möglich, dass jemand, der nicht selber »in der Situation steckt«, vielleicht Dinge sieht, die der andere so noch nicht berücksichtigt hat. Die Argumentation von A erfolgt dabei schrittweise:

1. Zuerst macht er seinem Freund noch einmal klar, dass der eigentlich ganz gern zu dem Fest gehen würde. Das sagt er ihm nicht einfach so, sondern er bringt ihn durch seine Fragen dazu, es selbst zu äußern.
2. Dann legt er noch einmal die Gründe klar, warum er dann nicht einfach mitgeht: Er befürchtet, er müsse auch an dem Tag arbeiten, um sich gut auf seine Prüfung vorzubereiten.
3. Im Folgenden unterhalten sich beide darüber, unter welchen Umständen Arbeit effektiv ist: Dann, wenn man in der Lage ist, sich voll und ganz darauf zu konzentrieren. Wenn nicht, kommt nicht viel dabei heraus, und es ist im Großen und Ganzen verlorene Zeit.
4. Nun stellt A die Frage: Wie wirst du dich wohl fühlen, wenn du allein zu Hause sitzt und weißt, dass wir alle auf dem Fest sind? B muss zugeben: Mit großer Wahrscheinlichkeit bin ich schlecht gelaunt und missmutig.
5. Was hat das für Konsequenzen, fragt A, und B muss wiederum zugeben: Vermutlich würde die Arbeit nicht sehr effektiv sein. Im Gegenteil: Wenn er einen netten Tag unter Freunden verbringt, wird er in der nächsten Zeit um so ausgeglichener sein und um so besser arbeiten können.
6. Indem A dem B die Konsequenzen verschiedener Abläufe (zu Hause bleiben/mitgehen) deutlich macht, erleichtert er es ihm sehr »vor seinem Gewissen« den Schluss zu ziehen: Ich darf ruhig mitgehen, daran wird nichts scheitern.

B: *Wir werden nicht mit euch in den Urlaub fahren. Es hat keinen Zweck mehr mit meinem Mann. Es geht nicht mehr.*

A: Um Gottes willen, was ist denn los?

B: *Weißt du, meine Ehe ist gescheitert.*

A: Seit wann denkst du das?

B: *Seit dem Wochenende*

A: War etwas besonders Schlimmes?

B: *Nein, nur wieder eine der üblichen Streitereien.*

A: Aber diesmal denkst du ...

B: *Meine Ehe ist endgültig im Eimer.*

A: Denkst du, wenn eine Ehe endgültig gescheitert ist, kann man nichts mehr dagegen machen. Es hat auch keinen Sinn mehr, zusammen in den Urlaub zu fahren, um sich vielleicht etwas näher zu kommen. Denkst du so?

B: *Ja.*

A: Bei einer endgültig gescheiterten Ehe klingt das sehr plausibel. Jetzt sollten wir nur noch zur Sicherheit gemeinsam untersuchen, ob man deine Situation mit Recht als gescheiterte Ehe bezeichnen kann. Wie sieht denn in deinen Augen eine endgültig gescheiterte Ehe aus?

B: *Nun, man liebt sich nicht mehr.*

A: Gar nicht mehr?

B: *Ja.*

A: Was gehört noch dazu?

B: *Man sagt sich nur noch böse Worte, keine netten mehr.*

A: Weiter?

B: *Ich weiß nicht.*

A: Hat man in einer endgültig gescheiterten Ehe noch Pläne?

B: *Selbstverständlich nicht.*

A: Gehört noch etwas dazu?

B: *Ich denke, das ist das Wichtigste, das reicht ja auch.*

A: Das denke ich auch. Gehen wir es doch gemeinsam durch. Wie ist es mit deinen Gefühlen für Jörg?

B: *... also, gleichgültig ist er mir nicht.*

A: Etwas genauer, bitte.

B: *Lieb habe ich ihn schon noch.*

A: Und er, was meinst du?

B: *Er hat es mir zumindest am Wochenende gesagt, als der Streit sich gelegt hatte. Aber da wollte ich es nicht mehr hören.*

A: Würdest du es jetzt gerne hören wollen.

B: *Ja.*

A: Sagt ihr euch nur böse Worte, keine netten mehr?

B: *Viel Gemeines, aber so schlimm ist es auch wieder nicht.*

A: Gut. Gab es in letzter Zeit nette Gesten seinerseits, kleine Aufmerksamkeiten.

B: *Er hat Montag Blumen gebracht, aber ich habe sie in den Mülleimer geworfen. Doof, was?*

A: Du hast ein Recht auf deine Wut. Habt ihr noch gemeinsame Pläne?

B: *Nun, der Urlaub und dann wollten wir vielleicht nächstes Jahr noch den Dachstuhl ausbauen. Wir wollten ja auch mal eine Auszeit nehmen, wegen Kanada. Aber das ist alles in weite Ferne gerückt.*

A: Jetzt frag ich dich doch ganz direkt. Wir hatten uns darauf geeinigt, was eine endgültig gescheiterte Ehe ist. Ist das so bei euch?

B: *Nein, doch nicht ganz, du hast Recht.*

A: Ich habe doch gar nichts gesagt.

B: *Aber so geht es auch nicht weiter. Er muss vieles ändern. Ich werde ihm ruhig, aber bestimmt sagen, was er ändern muss.*

A: Tue das. Und der Urlaub?

B: *Es könnte vielleicht ein neuer Anfang sein, ein kleiner Schritt zumindest.*

Kommentar

Sokrates hat sein Leben damit verbracht, seinen Athener Mitbürgern dabei zu helfen, die Ideen zu korrigieren, die sie so oft in die Irre leiteten. Für voreilig gezogene Schlüsse, Vorurteile und andere impulsive und schlecht durchdachte »Einsichten« hat er den Begriff »Windeier« gebraucht. Man glaubt, etwas verstanden zu haben und nun auf sicherem Boden zu stehen um zu handeln. Wird man aber, in einem Gespräch wie diesem gezwungen, die so gewonnenen Einsichten an der Wirklichkeit zu überprüfen, so lösen sie sich oft in Luft auf. Man merkt wieder, dass die Wirklichkeit vielschichtig ist und dass man nicht gleich zu Radikallösungen greifen muss, um seine Situation zu verbessern.

Nichts gegen Gefühle als Leitlinien für unser Handeln, aber wenn sie so stark sind, dass wir die Dinge nurmehr ganz impulsiv und einseitig beurteilen, dann können sie auch schlechte Ratgeber sein.

Durch eine solche einfache »Begriffsklärung« ist es schnell gelungen, die Gesprächspartnerin von ihrer »Alles-oder-Nichts-Lösung« abzubringen. Dadurch wird es ihr möglich, eine differenzierte Herangehensweise an ihre Schwierigkeiten zu wählen. Das konnte allerdings nur deshalb gelingen, weil die Freundin es im Grunde ihres Herzens auch wollte. Oft muss man Menschen geradezu überzeugen, das zu tun was sie eigentlich selber wollen, auch wenn das auf den ersten Blick paradox erscheint.

Überzeugen durch offensive Ehrlichkeit

A: Sie wollten mich noch einmal wegen der Wohnung sprechen?

B: *Ich hatte Ihnen ja mehr oder weniger fest zugesagt, aber noch nicht ganz fest, wie Sie sich erinnern.*

A: Ja, ich erinnere mich.

B: *Ja, und nun sind mir doch noch Zweifel gekommen. Ich denke, ich werde mir noch einmal andere Bewerber ansehen.*

A: Das kann ich verstehen. Sehr gut sogar.

B: *Wieso? Das überrascht mich jetzt.*

A: Nun, ich weiß, die meisten Menschen wollen immer ganz auf Nummer sicher gehen und scheuen auch das geringste Risiko. Wenn man auf dem Standpunkt steht, können Sie mir eine so schöne Wohnung nicht vermieten.

B: *Wieso nicht?*

A: Weil es bei mir Risikofaktoren gibt, die es fast unmöglich machen.

B: *Sie überraschen mich immer mehr, welche denn?*

A: Es gibt da eine ganze Menge, wenn ich ehrlich bin. Einmal komme ich aus Luxemburg, wie Sie wissen. Luxemburg ist nicht gerade Papua Neuguinea, oder nicht ganz, zumindest. Aber immerhin, ich bin Ausländer.

B: *Unterstellen Sie mir etwa Ausländerfeindlichkeit?*

A: Nicht im geringsten. Aber ich habe die Erfahrung gemacht, dass die meisten Menschen doch besser mit jemandem zurecht kommen, der um die Ecke geboren ist.

B: *Hören Sie mal, ich habe lange Jahre im Ausland verbracht und eine Belgierin geheiratet, So etwas spielt bei mir gar keine Rolle.*

A: Es freut mich das zu hören. Aber zweitens: Ich bin relativ neu in meiner Firma. Man hat mich zwar bei dem alten Betrieb abgeworben und sie haben sich sicher etwas dabei gedacht, aber ich habe noch keine richtige Lobby in der Firma. Arbeit ohne Netz sozusagen, das kann ganz schön gefährlich sein.

B: *Ach was. Sind Sie gut? Ja? Und Sie haben keine Angst, richtig ranzuklotzen? Nein? Dann werden Sie sich schon durchsetzen können. Ich habe mein halbes Leben lang ohne Netz gearbeitet und habe es doch geschafft. Das muss ich Ihnen einmal erzählen.*

A: Das würde mich sehr interessieren. Aber nun zu Drittens. Sie wissen, ich bin noch Junggeselle. Ich habe zwar meine Freundin. Aber wir möchten erst mal noch nicht heiraten. Nicht so schnell. Das klingt für manche Ohren nicht ganz solide. Die meisten Menschen haben darüber sehr enge Vorstellungen.

B: *Aber ich kann Sie sehr gut verstehen. Hatte es auch nicht eilig, mich ein für allemal zu binden. Bis die Belgierin kam. Die ließ mir keine Wahl. Lassen Sie sich also Zeit. Nichts überstürzen.*

A: Meinen Sie? Aber, wie Sie sehen: Insgesamt gibt es da viele Faktoren, die nicht gerade für mich sprechen. Ich kann Sie also ganz gut verstehen, wenn Sie sich noch nicht für mich entscheiden können. Schade. Ich hätte mich gerne öfters mit Ihnen unterhalten. Von Ihnen könnte ich sicher viel lernen.

B: *Das freut mich, dass Sie das so sehen. Aber das, was sie aufgezählt haben, spricht bei mir nicht gegen Sie. Ich finde das alles eher sympathisch.*

A: Ich danke Ihnen. Na dann werde ich mal ...

B: *Was denn?*

A: Nun gehen.

B: *Ach was. Irgendwie habe ich das Gefühl, wir sind uns beide ein Stück näher gekommen. Wollen Sie die Wohnung wirklich?*

A: Furchtbar gerne.

B: *Und Sie können sie auch bezahlen?*

A: Ja sicher.

B: *Warum soll ich mir dann all die Mühe machen. Das Leben ist ein einziges Risiko.*

A: Ohne Netz, ja?

B: *Ich hole den Vertrag (lacht): Wenn Sie mich hereingelegt haben, drehe ich Ihnen den Hals um.*

Kommentar:

1. As Selbstdarstellung ist offensiv.
   Er versucht nicht, irgendwelche Vorzüge, die er mitbringt, herauszustellen. Daran könnte der andere dann doch noch immer herummäkeln. Er redet stattdessen offen über seine »schwachen Punkte« als potentieller Mieter. Damit nimmt er dem anderen erst mal den Wind aus den Segeln.
2. Der Vermieter hatte beim ersten Kontakt bei A den Eindruck eines »Mannes von Welt« erweckt, der bislang energisch und keineswegs ängstlich sein Leben angepackt hatte.
3. Er weiß nicht genau, warum B noch zögert, ihm die Wohnung zu vermieten. Deshalb stellt er im Gespräch mögliche Gründe dafür so dar, dass ein Mann von Format des Herrn B sie nicht gutheißen kann.
4. Gleichzeitig ist er darauf aus, Gemeinsamkeiten anzusprechen, die B dazu veranlassen, sich mit seiner Lage zu identifizieren und ihn sympathisch zu finden.
5. Bei all dem tritt A nicht fordernd auf und fügt sich ganz in die Entscheidung von B. (»Schade, na, dann geh ich jetzt.«)
6. Wird B ihm die Wohnung jetzt nicht geben, so wäre das ein Beweis dafür, dass er doch nur ein ängstlicher, engstirniger und jedes Risiko scheuender Kleinbürger ist.
7. Gibt er sie ihm, so handelt er als überlegter weltgewandter Mann, weit ab von jeder Kleinkariertheit. Er hat dann an ihm einen ihm sympathischen Mieter gefunden, der ihn bewundert und zu allem Überfluss auch noch die Miete zahlen kann.

Überzeugen durch Wecken von Interesse und von »Reaktanz«

A: Sie wollten mich noch einmal wegen einer möglichen Zusammenarbeit sprechen, abschließend, wie Sie sagten. Hier bin ich.

B: *Nun, wie Sie sich vielleicht denken können, habe ich keine so guten Nachrichten.*

A: Ich weiß. Seit zwei Tagen habe ich die Angelegenheit abgeschrieben. Ich bin dabei, mich innerlich neuen Dingen zuzuwenden.

B: *Na ja, es ist auch eine Art Vorentscheidung gefallen. Aber ich finde, Sie geben schnell auf. Das hätte ich nicht gedacht.*

A: Ich habe keineswegs aufgegeben. Ich habe das Konzept sogar fertig gestellt, auf meine Kosten sozusagen. In erster Linie, weil ich mir beweisen wollte, dass die Sache funktionieren muss, so wie ich es mir vorgestellt habe.

B: *Zeigen Sie es mir mal. Auch wenn …*

A: Geht nicht. Ich habe die Unterlagen gar nicht erst mitgebracht.

B: *Warum denn nicht? Sie hätten es mir doch zeigen können.*

A: Es hat ja doch keinen Sinn. Ich wollte nicht damit angeben. So hätte es ausgesehen. Ich habe mir ja gedacht, dass es nicht mit Ihnen geht. Sie hätten es sich kaum angesehen.

B: *Das ist ärgerlich, sehr ärgerlich.*

A: Ich habe ja gewusst, dass Sie die Sache mit der Gruppe Müller machen müssen und gar keine andere Wahl haben.

B: *Was muss ich? Warum muss ich das?*

A: Weil die Gruppe Müller gleich den Projektleiter mitliefert und dazu noch einen, der überall heraus posaunt, dass er der Größte in der Branche ist. Dazu bin ich gar nicht in der Lage. Ich wäre auf Ihre aktive Mitarbeit angewiesen gewesen. Eine solche zusätzliche Belastung könnten Sie sicherlich nicht verkraften.

B: *Nun mal langsam, junge Frau. Wie belastbar ich bin, entscheide immer noch ich und mit wem ich zusammenarbeite auch. Übrigens, falls es Sie noch interessieren sollte, ich will gar keinen Projektleiter und schon gar nicht den von Müller, der hält sich ja für ein Genie. Ich gebe die Leitung der ganzen Sache nicht aus der Hand. Egal, mit wem ich es mache. Merken Sie sich das.*

A: Sicher, Müller wird Sie ein Wörtchen mitreden lassen. Aber Sie kennen ja den Spruch, den er überall verbreiten lässt: Wir machen das für Sie, während Sie angeln gehen, oder so ähnlich.

B: *Sie haben es darauf angelegt, mich zu ärgern heute.*

A: Ich? Ich zitiere bloß. Aber Sie machen das schon und ich wünsche Ihnen viel Erfolgt. Ganz von Herzen kommend.

B: *Natürlich mache ich das, aber ich brauche Hilfe. Eine tüchtige und aufgeweckte junge Frau, die mir dabei hilft.*

A: Das macht Mut. Wenn Sie mich einmal bei einer anderen Sache in Anspruch nehmen wollen, bin ich Ihre Frau.

B: *Jetzt hören Sie einfach auf zu schmollen. Wollen Sie mir nicht doch die Unterlagen durchfaxen. Ich sage bloß für den Fall eines Falles. Mehr sage ich nicht, verstanden?*

A: Darf ich sie auch vorbei bringen?

B: *Noch besser.*

A: Morgen früh? Haben Sie dann ein wenig Zeit?

B: *So viel wir brauchen.*

A: Na, dann vielen Dank und bis morgen. Entschuldigung, fast hätte ich Chef gesagt.

B: *Ist gar nicht so falsch, von mir werden Sie noch viel lernen.*

Kommentar

1. Herr B hatte sich so gut wie entschieden, den Auftag nicht an Frau A zu vergeben. Hätte sie trotzdem, wie es sich gehört, ihre Unterlagen mitgebracht, so hätte er vermutlich einen kurzen Blick darauf geworfen und etwas wie »ganz ordentlich« gemurmelt, dann wäre die Angelegenheit erledigt gewesen.
2. Aber Frau A »tanzt aus der Reihe«. Sie bringt nichts mit und zeigt Distanz zu der ganzen Sache: Innerlich beschäftigt sie sich angeblich schon längst mit etwas anderem. Dadurch erzeugt sie Interesse, Neugierde, ja sogar Ärger, aber auch das ist eher förderlich. Er fängt an, sich wieder mit ihr zu beschäftigen.
3. Wichtig ist weiter, wie sie beim Punkt »Entscheidung für Müller« darstellt, Herr B habe gar keine andere Wahl. Würde er sich nicht so entschieden, so wäre das mit großen Anforderung an ihn verbunden, denen er sich vielleicht nicht mehr gewachsen fühlt. Es ist klar, dass er an der Stelle vehement reagieren muss. Wenn jemand erlebt, dass seine Entscheidungsfreiheit durch äußere Eingriffe in Frage gestellt wird, so erfolgt mit großer Wahrscheinlichkeit eine Reaktion, die zum Ziele hat, die eigene Freiheit wieder herzustellen. Gleichzeitig gewinnt der als »bedroht« erlebte Weg (hier: Zusammenarbeit mit A, mit großer Eigenbeteiligung) an Attraktivität.
   Diese Reaktion wird »Reaktanz« genannt. Sie ist ein wichtiges Phänomen bei menschlichen Auseinandersetzungen. Man muss immer damit rechnen, wenn jemand durch andere bedrängt wird.
   Hier nutzt A die Reaktanz geschickt zum eigenen Vorteil aus. Sie verstärkt sie dadurch, dass sie die Gruppe Müller als großspurig und besserwisserisch darstellt. Arbeitet er mit ihr zusammen, werden ihm die Fäden aus der Hand genommen und er ist wirklich reif fürs hauptberufliche Fischen.

4. Dabei ist das ganze Auftreten von A selbstsicher, ja fast forsch, aber nie unhöflich. B mag denken: eine interessante Person, so war ich auch, auch ich bin vor niemandem im Staub gekrochen. Ich tue es auch heute noch nicht, verdammt noch mal. Es wäre sicher lohnend für alle Beteiligten, so jemanden unter meine Fittiche zu nehmen, das würde was werden. A hat so gut wie gewonnen, allerdings nur dann, wenn ihr Konzept wirklich überzeugend ist. Doch davon gehen wir alle aus.

Zuletzt ein kurzes Gespräch, diesmal ohne Kommentar, da sich jedes weitere Wort dazu erübrigt. Nur so viel: Es handelt sich dabei um ein Paar. Ich sage nicht, wer wer ist. Das müssen Sie schon selbst herausfinden.

Überzeugen durch passiven Widerstand

B: *So, dann gehe ich jetzt los, und bestelle das neue Auto. Weißt du, ich denke, das ist doch die richtige Entscheidung. Deine Bedenken in allen Ehren, aber es ist die richtige Entscheidung.*

A: ...

B: *Was hast du gesagt?*

A: Nichts, ich habe nichts gesagt.

B: *Nein, aber du bist nicht einverstanden.*

A: Habe ich das gesagt?

B: *Nein. Aber ich weiß, was du darüber denkst. Du bist dagegen.*

A: Ist das denn wichtig für dich?

B: *Ja, das weißt du ja.*

A: Wie schön für mich

B: *Dann gehe ich.*

A: ...

B: *Weißt du, du könntest ruhig etwas dazu sagen.*

A: Warum?

B: *Weil ich möchte, dass wir gemeinsam entscheiden.*
A: Hast du dich entschieden?
B: *Habe ich.*
A: Reicht dir das nicht?
B: *Ich habe meine Gründe. Du wirst schon sehen.*
A: ...
B: *Weißt du, ich finde das nicht fair.*
A: Was denn?
B: *Dein Verhalten. Du hilfst mir überhaupt nicht.*
A: Brauchst du Hilfe?
B: *Ich möchte keinen Streit mit dir.*
A: Ich streite nicht mit dir.
B: *Schön. Dann gehe ich jetzt... Wollen wir heute Abend zum Essen fahren?*
A: Sehr gerne. Womit?
B: *Was heißt womit? Mit dem Auto!*
A: Mit dem alten?
B: *Ja. Womit denn sonst?*
A: Schön, ich mag die alte Karre.
B: *Jetzt fängst du schon wieder damit an!*
A: Nein, überhaupt nicht.
B: *Dann gehe ich jetzt. Ist noch was?*
A: Nein... Doch. Kannst du dich noch an den letzten Urlaub erinnern?
B: *Die Schweiz?*
A: Ja, war es nicht schön?
B: *Aber doch!*
A: Wie wir die Pässe hochgekommen sind.
B: *Ich ahne da was. Zugegeben, es fuhr noch sehr gut, sogar in den Pässen.*
A: Gehe jetzt, du holst mich dann nachher ab.
B: *Na gut... Ach, ich habe keine Lust mehr.*
A: Wozu?
B: *Du meinst, es fährt noch ganz gut? Und mit dem Geld könnten wir die ganze Wohnung renovieren und die neue Küche anschaffen?*
A: Magst du manchmal, wenn ich koche?

B: *Aber ja. Wenn ich dir dabei helfen darf. Manchmal sind wir dann so anders zueinander. Wie damals.*
A: Wie in der Studentenzeit?
B: *Ja.*
A: Denkst du noch manchmal an Göttingen?
B: *Ja, immer öfter in letzter Zeit (nimmt ... in den Arm) Fahren wir essen.*

Andere überzeugen zu wollen ist, bei Meinungsverschiedenheiten und Konflikten, immer die Methode der Wahl, zu der man als erste greifen soll. Oft funktioniert sie. Dann werden massivere Vorgehensweisen nicht notwendig.

Doch jeder kennt Menschen, die einem hart zusetzen und deren man sich auf die sanfte Tour nicht genügend erwehren kann. Doch auch dann muss gehandelt werden, es kann lebensnotwendig sein.

Liebe Leserin, lieber Leser,

wir informieren Sie gerne über weitere Bücher und die Zeitschriften aus dem Kreuz Verlag. Schicken Sie einfach diese Karte ausgefüllt zurück. Übrigens: Wenn Sie gerade Zeit und Lust haben, beantworten Sie doch die nebenstehenden Fragen. Ihre Antworten würden uns helfen, unsere Arbeit effektiver zu machen und noch besser auf die Wünsche unserer Leserinnen und Leser abzustimmen.
Herzlichen Dank!
Es grüßt Sie

Ihr
Kreuz Verlag

B. Friedrich

Dipl.-Ing. Bernd Friedrich
Geschäftsführer

Hier meine Antworten

Diese Karte entnahm ich dem Buch

____

Haben Sie dieses Buch
❑ gekauft ❑ geschenkt bekommen?

Wurden Sie auf dieses Buch aufmerksam durch
❑ Ihren Buchhändler ❑ Empfehlung
❑ Werbung; Besprechung in ❑ Funk ❑ TV
❑ Zeitung/Zeitschrift

Wie hat Ihnen dieses Buch gefallen?
❑ sehr gut ❑ geht so ❑ gar nicht

Kannten Sie den KREUZ Verlag bereits?
❑ ja ❑ nein

Welche Themen interessieren Sie?
❑ Familie, Eltern, Kinder ❑ Selbsterfahrung, Therapie ❑ Bibel und Gemeinde
❑ Postkarten, Poster, Bildbände
❑ Kinder- und Jugendbücher ❑ Umwelt, Natur
❑ Politik, Alltag ❑ Populäre Wissenschaft
❑ Kulturelle Themen

Wo kaufen Sie Ihre Bücher?
❑ Bei meinem Buchhändler ❑ Bahnhofsbuchhandel ❑ Versandbuchhandel ❑ Kaufhaus
❑ per Internet

Wie viele Bücher kaufen Sie ungefähr pro Jahr?
❑ 1 bis 2 ❑ ca. fünf ❑ ca. zehn ❑ mehr

Interessieren Sie sich für Musik? ❑ ja ❑ nein

Interessieren Sie sich für Multimedia-Produkte? ❑ ja ❑ nein

Verraten Sie uns Ihr Alter? ______________ Jahre.

Umgang mit schwierigen Menschen

Oft wird Margarete sich sagen: *Eigentlich habe ich viele gute Menschen um mich, aber auch zu viele, gegen die ich mich nicht wehren kann. Sie belasten mich oft in einer Art, die mir die letzte Kraft und zuzeiten auch jede Lebensfreude raubt. Das Schlimmste ist: Egal, was sie mit mir veranstalten, ich bin es, die immer dabei ein schlechtes Gewissen hat. Ich weiß selber nicht, warum. Wenn es zu schlimm wird, dann esse ich eben. Und je mehr ich esse, desto schlimmer wird es. Aber so ist das wohl, dagegen kann man nichts machen. So geht es einem, aber wenigstens funktioniert die Waschmaschine noch, doch auch um die muss ich mir Sorgen machen, immerzu.* Ich widme ihr die folgenden Seiten. Mögen Sie ihr dabei helfen, ein wenig aufzuräumen, außen wie innen.

Seelische Kräfte

Der Begriff »seelische Kraft« erscheint auf den ersten Blick recht diffus. Doch darunter ist nichts Geheimnisvolles oder Mystisches zu verstehen. Es handelt sich nicht um etwas Esoterisches, damit ist keine geheimnisvolle Energie gemeint, die den Kosmos und den menschlichen Körper durchströmt. Der Begriff erhält seinen Sinn dadurch, dass er eine Reihe von Beobachtungen erklärt, die wir tagtäglich an uns selber und an anderen machen können.

Die erste ist ganz trivial. Wir merken immer wieder,

dass wir ermüden. Nach einem ereignisreichen Arbeitstag fühlen wir uns abgespannt, kraftlos, manchmal bis an den Rand der Erschöpfung. Sicherlich, an einem solchen Tag haben wir uns viel bewegt und »Muskelarbeit« geleistet. Aber nicht nur das, wir haben uns auch konzentriert, anderen zugehört, auf sie eingeredet, um sie zu überzeugen, oder wir haben uns sogar mit ihnen gestritten. Das alles kostet nicht viel Muskelarbeit, kann aber, wie wir wissen, auch sehr anstrengend sein, d.h. letzten Endes viel Kraft kosten. Doch wir können noch etwas anderes feststellen. Manchmal fühlen wir uns nach einem kurzen, aber konfliktreichen Gespräch wie ausgepumpt. Die kurze Auseinandersetzung, bei der wir kaum einen Muskel bewegt haben, hat uns alle unsere Energie genommen. Auch innere Anspannung, Konzentration und eigene Gefühle können für sich allein sehr »kostspielig« sein und uns mehr Kraft kosten, als wenn wir zwei Stunden Holz gehackt hätten. Das ist eine sehr wichtige Tatsache, die wir bei unseren weiteren Überlegungen nicht aus den Augen verlieren dürfen.

Kehren wir zur Müdigkeit nach einem langen Arbeitstag zurück. Dann stehen uns nicht mehr viel Kräfte zur Verfügung, bis wir uns durch eine Nacht voll erholsamem Schlaf regeneriert haben. In einem solchen Zustand trauen wir uns vielleicht noch zu, Zeitung zu lesen oder ein Kreuzworträtsel zu lösen, wenn wir sehr geübt darin sind. Aber wir fühlen uns zu müde, um einen schwierigen Text zu lesen oder über ein heikles Problem nachzudenken. Auch einer folgenreichen Unterredung gehen wir dann am liebsten aus dem Weg, weil wir spüren, dass wir nicht mehr die notwendige Kraft dazu haben. Auch daran merken wir sehr genau, dass unsere Aktionen einen unterschiedlichen »Preis« haben, je nachdem, wie sie geartet sind. Die einen trauen wir uns noch ohne weiteres zu, unsere Energie reicht dafür aus, für andere hingegen nicht mehr. Das, was uns am Tag viel Kraft gekostet hat, wirkt also in uns weiter. Es beeinflusst auch spätere Aktivitäten in dem Sinne, dass es uns die Kräfte genommen hat, die notwendig wären um sie ausführen zu können.

Erleben wir eine ganze Anzahl ermüdender Tage, so haben wir nach einiger Zeit den Eindruck, dass wir unsere »Reserven« anzapfen müssen, um die Tagesgeschäfte noch einigermaßen bewältigen können. Das geht noch eine Zeit lang gut, aber wenn es so weitergeht, so können wir an den Punkt gelangen, wo wir feststellen müssen: Meine Batterien sind leer, ich kann nicht mehr. Die Folgen können schwere Erschöpfungszustände sein, bis hin zum »Nervenzusammenbruch«. Das ist ein Alltagsbegriff, mit dem meist die schwere Lebenskrise einer Depression gemeint ist. Es ist also nicht ohne Konsequenzen, wenn ich immer wieder gezwungen bin, Kräfte auszugeben, ohne dass auf der anderen Seite etwas passiert, das das innere Gleichgewicht wieder herstellt.

Was finden wir auf der anderen Seite? Genauso, wie wir seelische Kräfte »ausgeben« können, ist es auch möglich, welche »einzunehmen«. Dass wir am Feierabend, am Wochenende und im Urlaub »auftanken« und uns danach in jeder Hinsicht kräftiger und leistungsfähiger fühlen, erscheint uns nicht weiter verwunderlich. Aber was ist mit folgender Beobachtung: Sie fühlen sich am Abend wieder einmal völlig ausgelaugt, lustlos, und würden sich am liebsten ins Bett verkriechen. Da läutet das Telefon und sie reden 10 Minuten mit einer lieben Freundin, die ihnen viel Nettes sagt. Sie verabreden sich mit ihr für den nächsten Sonntag – und sind wie verwandelt. Die Müdigkeit hat sich verflüchtigt, Sie fühlen sich beschwingt und unternehmungslustig. Es wäre schade, jetzt schon ins Bett zu gehen. Noch ein Glas Wein, um in Ruhe noch ein wenig nachzudenken. Aber vielleicht können Sie auch noch den Artikel lesen, der Ihnen so schwierig vorkam – und schon sind Sie auf dem Weg zur Weinstube um die Ecke.

Unter dem Einfluss bestimmter Ereignisse, und seien sie auf den ersten Blick noch so unscheinbar, sind wir also in der Lage, völlig unerwartet Aktivitäten zu entwickeln, die in keinem Verhältnis stehen zu der minimalen Menge an Energie, die uns noch zehn Minuten davor scheinbar zur Verfügung stand. Solche Ereignisse machen uns stark. Wir fühlen uns danach sicherer und dem Leben mehr gewachsen. Wir trauen uns etwas zu, vor dem wir zuvor zurückgeschreckt sind. Auf die Art erhalten wir neue Kräfte, dic wir später in andere Unternehmungen investieren können. Darüber hinaus können wir praktisch von einer Minute zur anderen Reserven mobilisieren, die uns noch vor kurzer Zeit nicht zugänglich waren.

Welches sind die Ereignisse, die uns derart positiv verändern? Es sind Erlebnisse, die uns aufbauen, indem sie uns zeigen, dass wir nicht allein sind, sondern gemocht, geschätzt und gebraucht werden. Sie zeigen uns, dass wir etwas bewirken und Erfolge haben können. Oder sie haben uns ganz einfach wieder in Beziehung zu einem Teil der Welt gebracht, den wir schön, gut und wertvoll finden, wie beim Lesen eines Gedichts oder bei einem beschaulichen Spaziergang, auch wenn der erst mal viel »Muskelkraft« verbraucht. Wir haben ein Musikstück gehört, vielleicht so, wie noch nie, oder das Betrachten eines Bildes hat uns einen neuen Horizont eröffnet. Aber auch eigene Gedanken oder Gefühle können eine ähnliche Wirkung haben. Danach fühlen wir uns tüchtiger, mutiger und haben weniger Angst vor dem Leben. Aber vor allem Menschen sind es, die auf die Art unsere Kräfte vergrößern können, wie sie auf der anderen Seite in der Lage sind, sie uns zu nehmen.

Bilanz der Kräfte

Von Zeit zu Zeit eine Bilanz zu erstellen, mag auf den ersten Blick aufwendig und mühsam erscheinen, erweist sich aber dann doch als recht nützlich. Dadurch können Fehlentwicklungen abgewendet oder gestoppt werden. Wir werden uns darüber klar, was uns zur Verfügung steht, wo wir etwas bekommen und wo wir zu viel ausgeben.

Eine Bilanz der seelischen Kräfte ist recht einfach. Wir müssen nur abschätzen, in welchem Verhältnis unsere Einnahmen und unsere Ausgaben zueinander stehen. Das Ergebnis können wir dann mit unserem Empfinden und unseren Gefühlen in Beziehung setzen und werden erstaunliche Gesetzmäßigkeiten feststellen. Da wo wir einen Einnahmeüberschuss feststellen, fühlen wir uns wohl und haben die Tendenz, zu verweilen. Eine schiefe Bilanz aber, d.h. wesentlich mehr Kräfteverausgabung als Kräftegewinn, führt regelmäßig dazu, dass wir uns unwohl, unglücklich, missmutig und erschöpft fühlen. Das geht einher mit einem starken Drang, die Angelegenheit zu meiden oder möglichst aus unserem Leben zu entfernen.

Aber oft merken wir nur unser Befinden, positiv oder negativ, und haben keine Erklärung dafür, weil wir die Beziehung zu unserem Kräfteverhältnis nicht herstellen. Das hat einen großen Nachteil. Wir sind dann nicht in der Lage, gezielt etwas zu unternehmen, um unsere Situation zu verbessern, weil wir nicht wissen, wo wir ansetzen sollen. Darum sollten wir uns von Zeit zu Zeit wichtige Verhältnisse in unserem Leben näher ansehen und unter dem Gesichtspunkt der Kräftebilanz analysieren.

Das ist einmal möglich in Bezug auf den Lebensabschnitt, indem wir uns momentan befinden. Ich fühle mich seit einiger Zeit zunehmend angespannt, lustlos, ja, manchmal geradezu niedergeschlagen. Woran kann das liegen? Und ist es mir möglich, etwas zu tun, um meine Stimmung aufzuhellen und meine Lebensfreude zu erhöhen?

Was ist auf der Haben-Seite? Woher beziehe ich Kraft, was macht mir Mut und gibt mir Sicherheit? Lässt sich das steigern, oder kann ich sogar neue Energiequellen anzapfen?

Wie sieht die Soll-Seite aus? Was kostet mich viel Mühe, was ärgert mich, was entmutigt mich oder macht mir Angst? Kann ich einiges davon abbauen?

Bilanz lässt sich aber auch in Bezug auf bestimmte Lebenssituationen ziehen? Wie lässt sich z. B. unter diesem Aspekt meine derzeitige Arbeitssituation beurteilen? Kann ich etwas unternehmen, um die Kosten zu senken und die Einnahmen zu erhöhen?

Auch wenn wir den Umgang mit uns selber unter die Lupe nehmen, lassen sich manchmal wichtige Schlüsse ziehen. Darauf möchte ich später zurückkommen.

Doch nun zu dem Punkt, der mir der wichtigste erscheint: Unsere Beziehungen zu Menschen, vor allem zu bestimmten Menschen, die unser Befinden massiv beeinflussen. Dabei sind wir uns oft gar nicht der Tragweite des Einflusses bewusst, den sie auf uns ausüben.

Ermüdende Menschen

Es ist oft erstaunlich festzustellen, in welchem Ausmaß bestimmte Menschen uns verändern, selbst wenn wir nur kurz mit ihnen zu tun haben. Sie müssen dafür nicht einmal physisch gegenwärtig sein. Es reicht manchmal schon aus, dass wir vermuten, sie könnten uns über den Weg laufen, oder dass wir bloß an sie denken. Sie zwingen uns geradezu, sie in den Mittelpunkt unserer Aufmerksamkeit zu stellen. Sie prägen dann unser Denken, unsere Gefühle und unser Verhalten in einer Art, die oft in keinem Verhältnis steht zu der wahren Bedeutung, die sie in unserem Leben haben. Je nachdem, ob es sich um positive oder negative Gefühle handelt, suchen wir sie auf und sehnen uns geradezu nach ihrer Gegenwart oder aber wir meiden sie wie die Pest, weil wir wissen, dass wir nichts Gutes vom Umgang mit ihnen zu erwarten haben.

Es wäre reizvoll, länger beim Einfluss zu verweilen, den angenehme Menschen auf andere ausüben. Aber das ist nicht unser Thema. Wir müssen uns mit den anderen befassen, mit denen der Kontakt sich äußerst schwierig gestaltet. Sie spielen eine große negative Rolle in unserem Kräftehaushalt, vor allem dann, wenn wir in einer besonderen Beziehung zu ihnen stehen und öfter mit ihnen konfrontiert sind.

Ihre Gegenwart hat auf uns immer dieselbe Auswirkung. Sie zwingen uns zu komplizierten Reaktionen und wir müssen ständig überlegen, wie wir uns verhalten sollen, sei es, um sie nicht zu verprellen, sei es, um unsere eigene Haut zu retten. Der Gefühlsaufwand, den sie uns abverlangen, ist riesig, und sie bringen uns dadurch in einen Zustand, in den wir freiwillig nicht geraten möchten. Kurzum, sie kosten uns viel Kraft und viel Elan. Die Interaktion mit ihnen wirkt zeitlich nach: Sie lassen uns zurück in Anspannung und dabei oft noch mit einem schlechten Gewissen. Oder sie hinterlassen Ärger, Frustration und fast immer einen Zustand der Ermüdung, der weit über das hinaus geht, was wir investieren wollten. Ich nenne sie deshalb »ermüdende Menschen«. Damit ist kein endgültiges negatives Urteil über den Menschen als solchen getroffen. Es handelt sich dabei lediglich um eine Charakterisierung der Folgen, die der Umgang mit ihnen für uns hat. Es geht also um die Wechselwirkung zwischen ihrem Verhalten und dem unsrigen.

Man kann den »Ermüdungswert«, den ein Mensch für uns hat, mit einer Art Formel richtiggehend abschätzen

> Ermüdungswert = (Ausmaß der ausgegebenen Kräfte – Ausmaß der eingenommenen Kräfte) pro Begegnung × Häufigkeit der Begegnungen.

Daraus wird deutlich: Die gefährlichste Spezies für uns alle sind Menschen mit hohem chronischen Ermüdungswert. Der Kontakt zu ihnen kostet uns viel Kraft, bringt wenig ein und sie laufen einem ständig über den Weg. Zu viele von dieser Sorte, und unsere Tage sind gezählt. Wir müssen also handeln. Dafür gibt es mehrere Möglichkeiten:

- Zuerst müssen wir sie erkennen und dingfest machen. Durchforsten wir also unser Leben nach Menschen mit hohem Ermüdungswert.
- Wir können die Kontakte zu ihnen reduzieren oder ganz abstellen. Das ist oft schwer möglich, wenn es sich dabei um Familienangehörige, Kollegen oder Nachbarn handelt.
- Wir könnten versuchen mehr Positives aus ihnen herauszuholen. Das erweist sich oft als sehr schwierig, weil sie nun einmal so sind, wie sie sind.
- Bleibt die dritte Möglichkeit: Wir müssen unsere Kosten im Umgang mit ihnen senken. Das ist ein sehr realistischer Weg.

Begleiten wir Margarete bei ihren diesbezüglichen Anstrengungen, bei ihrem Kräftespartrip im Umgang mit einigen bemerkenswerten Zeitgenossen.

Eindringlinge

Wenn Mitzi Margarete besucht hatte, auch nur für ein paar Stunden, war deren Leben wie umgekrempelt, innen wie außen. Mitzi bezeichnete allenthalben Margarete als ihre Lieblingsfreundin, und machte keine Anstalten, sich aus den Verpflichtungen einer derart wichtigen Schutzbefohlenen gegenüber davon zu schleichen. Sie leitete daraus einen Anspruch auf eine Art geistige Führung ab, die in Margaretes Leben den Sinn für das Rechte stärken und eine Bündelung ihrer oft zur Zerfaserung neigenden Kräfte gewährleisten sollte.

Wie äußerte sich diese vorbildliche Haltung?

Da war einmal Mitzis nie erlahmende Anteilnahme an Margaretes Angelegenheiten. Kaum hatte sie das Häuschen betreten, das Geschenkpaket (davon später!) abgelegt, und einen Begrüßungssatz (wie: »Die Bluse ist nett, aber der Rock passt nicht dazu!«) losgelassen, ließ sie sich nieder und sagte: »Na, dann erzähl mal«, und sah erwartungsvoll dem nun folgenden einstündigen Tiefeninterview entgegen. So hatte sie sich am 12. Juni letzten Jahres gleich zu Beginn nach Folgendem erkundigt, wie Margarete nach der üblichen Erschöpfungsphase in einem kurzen Gedächtnisprotokoll festgehalten hatte:

Hast du zugenommen? Wie viel? Wo hast du den unmöglichen Rock her? Wie war dein Besuch in der Stadt? Wie viel Geld hast du ausgegeben? Spinnt die Alma immer noch? Hattest du Albträume? Erzähl! Wie stehen die Wruken im Garten? Was machen deine Blähungen? Nimmst du noch immer den Weißmustee, den ich dir dagegen verschrieben habe? Hat dich die Nachbarin wieder über die Sauftouren ihres Mannes unterrichtet? Seit wann hast du den Fleck an der rechten Wange, weißt du, dass das Krebs werden kann? Hast du darüber nachgedacht, warum ich mir so viel

Sorgen über dich machen muss? – An der Stelle brachen die Aufzeichnungen ab, weil Margarete sich ausnahmsweise eine zweite Erschöpfungsphase bewilligt hatte, bevor sie sich über das Geschenkpaket mit Blut- und Leberwurst, samt den obligaten Vollspeckkarrée, hergemacht hatte.

Mitzis Anteilnahme war bloß die Vorstufe zu ihrer Ergebenheit, wenn es darum ging, Margaretes Dinge in die richtige Richtung zu lenken, und zwar mit Rat und mit Tat.

Die Ratschläge waren dabei noch das geringste Übel. Margarete musste dabei nur an der richtigen Stelle nicken. Wenn ihr Mitzi dringend anheim stellte, die Poldi, das dumme Ding, doch bei ihrer nächsten Unbotmäßigkeit daran zu erinnern, dass ihr Lebenskumpan noch immer keine Arbeit gefunden hatte, und ihr vorzurechnen, wie lange sie sich den schmarotzenden Halunken noch leisten konnte, bis sie ihr schmales Erbe verpulvert hätte – so gelang es Margarete, einen glaubwürdigen Enthusiasmus für die zu übernehmende erzieherische Aufgabe zu mimen, und Mitzi war's zufrieden.

Mitzis unmittelbare Taten zu verkraften war schwieriger. Hilfreiche Aktionen gab es in zwei Varianten. Bei der einen legte Mitzi selbst Hand an. So durchforstete sie energisch Margaretes Kleiderschrank, prüfte mit unbestechlichem Blick und entschied: Dies und jenes kommt in die Altkleidersammlung, der Mantel wird gewendet, den Hut gleich in den Abfall. Kleinere Möbelstücke zu rücken, war durchaus noch im Bereich ihrer Kräfte. Das »Mojo Canario Picante« landete gleich im Abguss (»In unserer Familie gibt es Paprika und nicht so ein Zeug«). Dann kochte Mitzi Malventee, gleich drei Kannen, für später. Margarete konnte ihre Rührung kaum verbergen und Mitzi meinte: »Ich mache es doch gerne für dich.«

Die zweite Variante hilfreicher Aktionen war subtilerer Natur. In Mitzis Gegenwart hatte Margarete das Gefühl, wie ferngesteuert zu sein. Stand sie auf und näherte sich dem Fenster, um es aufzumachen, so hörte sie: Mach doch das Fenster auf. Nahm sie eine Schere und wollte kurz in den Garten, so hörte sie augenblicklich Mitzi sagen: Jetzt gehen wir in den Garten. Schneide doch ein paar Blumen ab, aber nicht zu viele, vergiss die Schere nicht. Ich komme mit, zur Sicherheit.

Margarete näherte sich einer schönen roten Rose, fasste sie am Stiel und hörte schon wie aus dem Nebel, ganz von fern, Mitzis sanfte, aber unerbittliche Stimme: Die Rose, die da, schneid sie ab. Und Margarete schnitt sie ab.

Der neue Weg

Aus einem Buch über Verhaltensforschung:

Viele Tiere verwenden einen großen Teil ihrer Zeit und Energie auf die »Verteidigung« eines Stücks Geländes, das die Zoologen als Territorium bezeichnen. Dieses Phänomen ist im Tierreich weit verbreitet, nicht nur unter Vögeln, Säugetieren und Fischen, sondern auch unter Insekten und sogar Seeanemonen.

Warum nicht bei Margarete? Warum ist sie so schlecht in der Lage, sich abzugrenzen, ihr Territorium vor Eindringlingen wie Mitzi zu schützen, wenn dies eine Leistung darstellt, die sogar Seeanemonen mühelos beherrschen.

Doch wir lesen weiter: Die modernen Biologen sind überzeugt davon, dass es bei Lebewesen, die um ihr Territorium kämpfen, um einen *symbolischen* und nicht um einen wirklichen Preis, beispielsweise um ein Stück Nahrung, geht.

An der Stelle scheint mir Margaretes grundlegender Irrtum zu liegen. Sie wehrt sich nicht, weil sie von folgender Überlegung ausgeht: *Mitzi will mir ja nichts Böses antun. In Wirklichkeit will sie mir ja nur helfen. Sie nimmt mir ja nichts, sie gibt mir sogar. Deshalb darf ich sie doch nicht zurückweisen, ich würde sie nur kränken und hätte dabei noch ein schlechtes Gewissen.*

Es ging dabei vielleicht nicht um einen materiellen Preis, aber der symbolische war enorm. Mitzi drang nicht nur in Garten, Kühlschrank und Wäscheschrank ein, sondern breitete sich in Margaretes Seele aus. Ich rate dir, ich helfe dir, ich mache dir dies und jenes klar, ich sage dir, was zu was passt, sag dies zu deiner Cousine, erzähl mir alles, schneide die Rose so, den Kohl aber anders, werde nicht so fett, schau, ich habe dir Speck gebracht, bin ich nicht lieb, was tätest du ohne mich. Mitzis Ausbreitungssucht nahm immer größere Formen an, Margaretes Persönlichkeit schrumpfte zusehends, und wenn Mitzi gegangen war, war sie immer noch da und Margarete war sehr müde.

Dabei ist der Umgang mit Eindringlingen jeder Art nicht einmal so kompliziert. Die wichtigsten Prinzipien dabei sind:

- Eine gewisse Tendenz sich auszubreiten haben alle Menschen, wenn es auch große individuelle Unterschiede dabei gibt. Regen Sie sich also nicht besonders darüber auf, sondern handeln Sie.
- Es ist nicht die Aufgabe der anderen, sich den Kopf darüber zu zerbrechen, was Sie alles zu »Ihrem Territorium« rechnen, sondern Sie müssen es ihnen deutlich machen. Für andere fängt Ihr Territorium da an, wo Sie nicht mehr ohne weiteres mitmachen.
- Je nach der Beziehung, die Sie zu anderen haben, werden Sie sie mehr oder weniger weit in Ihre Sphäre einlassen. Das gilt zum Beispiel für Ihren Lebensraum wie die Wohnung, aber auch für Ihre »innere Welt«, wie Gedanken, Gefühle usw.

- Lassen Sie jeden Menschen so weit an sich heran, wie Sie sich dabei wohl fühlen. Versucht er (und das ist nicht verwunderlich) weiterzugehen, sich weiter einzumischen, so müssen Sie deutlich Signale setzen.
- Differenzieren Sie Ihr Territorium. Stecken Sie für jeden, mit dem Sie öfter zu tun haben, in Gedanken die Grenzen ab. So bei Margarete: Mitzi darf sich in meiner Wohnung frei bewegen, aber sie hat nichts in meinem Schlafzimmer und schon gar nichts in meinem Kleiderschrank zu suchen. Ich rede oberflächlich mit ihr über meinen Beruf, Familienangelegenheiten und sonstiges, aber nicht über Beziehungen oder über meine Pläne und sonstigen Wünsche, die sie nichts angehen.
- Verhaltensforscher haben gefunden, dass es bei territorialen Auseinandersetzungen eine einfache Regel gibt, die meist von allen Beteiligten respektiert wird. Sie lautet: Wenn Ansässige, greife an; wenn Eindringling, zieh dich zurück.
- Der »Angriff« soll möglichst nicht brutal, den anderen schädigend, verletzend oder kränkend sein. Aber Sie sollten klare Signale setzen, die auch verstanden werden: Nein, bitte, tu das nicht. Darüber möchte ich nicht sprechen. Du sollst mich doch nicht danach fragen, usw. Danach können Sie von sich aus das ins Spiel bringen, was Sie mit dem anderen teilen möchten.
- Schon zu weit Eingedrungene müssen aus den Bereichen, die Sie für sich behalten wollen, wieder vertrieben werden. Das ist meist mühsamer, als sie erst gar nicht hereinzulassen.
- Versuchen Sie nicht das Problem mittels Appellen an Vernunft, Respekt vor anderen oder Taktgefühl zu lösen. Führen Sie keine Grundsatzdebatten. Das bringt meist keine brauchbaren Ergebnisse. Handeln Sie rücksichtsvoll, aber eindeutig. Und im Notfall auch einmal knallhart.

- Wenn Sie ständig das Gefühl haben, von jemandem eingenommen zu werden, so wird die Beziehung zu ihm immer komplizierter und ermüdender. Am Ende nutzt sich Ihre ganze Energie dabei ab, sich seiner noch einigermaßen zu erwehren. Das Ende vom Lied ist der Bruch oder aber Ihre allmähliche Unterjochung. Dabei beginnt alles mit einem Vollspeckkarrée.

»Mir dies? Dies mir? Warum mir diese Schmach?«

König Markes Klagegesang (in Wagners Oper »Tristan und Isolde«) ist ein Muster der Zurückhaltung und Ausgeglichenheit gegenüber den Tönen, die einen treffen konnten, wenn Mott wieder einmal an der Ungerechtigkeit der Welt zu zerschellen drohte oder deren Schlechtigkeit beklagte. Eine Art alte Jugendfreundschaft und einige geschäftliche Angelegenheiten brachten Margarete und ihn mehrmals im Monat zusammen. Einmal hatte sie ihm Pariser Schnitzel aufgetischt und dadurch offensichtlich einen Anfall seelischer Erschütterung ausgelöst, denn er stierte stumm auf seinen Teller und sagte minutenlang nichts. Margarete wusste den Tiefgang solcher innerer Zusammenbrüche zu respektieren. Sie blieb ebenfalls stumm, ließ sogar ihr Schnitzel unberührt und traute sich nur verstohlen, etwas Gurkensalat zu sich zu nehmen.

Schließlich brach es aus der Gestalt, die immer mehr über ihrem Teller zusammengesunken war, heraus. Paris, ach Paris, auch um das haben sie mich betrogen.

Und er erzählte. Die akustischen Verhältnisse am Villacher Operettentheater, an dem er in jungen Jahren als zweiter Bass-Bariton engagiert war, waren dermaßen desolat und der ständige Luftzug in der Garde-

robe so tödlich, dass dadurch binnen kurzem seine Stimme ruiniert worden war. Ständige Intriganten in der Leitung hatten dies zum Vorwand genommen, ihm keinen Vertrag mehr für eine weitere Saison zu geben. Margarete kannte mindestens zehn verschiedene Versionen der Geschichte, die zu Motts Lebensknick geführt hatte. Bei der heutigen elften war am Abend seines letzten Auftritts im Foyer ein Herr aufgetaucht, der sich in der Pause mit einem deutlichen Pariser Akzent nach dem Villacher Nachtleben erkundigt hatte. Es konnte sich nur um einen Späher der Opéra Garnier auf Talentsuche handeln. Und ausgerechnet an dem Abend hatte er besonders an den perfiden Winden gelitten und seine Partnerin hatte zu allem Überfluss ihre sämtlichen Einsätze verpatzt und ihn damit endgültig in die Tiefen der Bass-Bariton'schen Bedeutungslosigkeit mitgerissen.

War Mott ein billiger kleiner Schmierenkomödiant, der sich angesichts seines verpfuschten Lebens mit immer neuen lächerlich wirkenden Geschichtchen heraus zu reden versuchte? Vielleicht auch. Aber er war vor allem jemand, der seinerseits andere mit in die Tiefe reißen konnte, wenn sie sich nicht vorsahen.

Wie sah Motts Haltung seinen Mitmenschen gegenüber aus und was lag ihr zugrunde?

Bei dem normalen, allgegenwärtigen Konkurrenzverhalten zwischen Menschen sind Gesunde bestrebt zu bestehen, indem sie versuchen, sich verglichen mit ihren Rivalen zumindest als gleichwertig zu etablieren. Ein von Natur aus schwacher Mensch oder einer, der durch unverarbeitete Niederlagen geschwächt ist, verfolgt instinktiv eine andere Strategie. Ein erneutes Scheitern bei direkten Auseinandersetzungen will er nicht mehr riskieren. Seine einzige Waffe besteht dann darin, andere zu demontieren, sie möglichst auf sein Niveau herunterzureißen oder aber die ganzen Spielregeln, nach denen die Auseinandersetzungen ausgetragen werden, zu verunglimpfen.

Aus Motts Sichtweise hat die Ungerechtigkeit der Welt eine grundlegende und ständige zu sein, denn nur so ist seine Lage erklärbar. Nur eine Welt, in der wahre Größe nichts gilt und immer nur die Blender die Oberhand gewinnen, kann ihn so ignorieren und boykottieren. Eine seiner permanenten Streifzüge galt Ungerechtigkeiten jeglicher Art. Er war geradezu süchtig danach, sie aufzudecken und an den Pranger zu stellen. Seine morgendliche Lektüre der Zeitung war ganz diesem Thema gewidmet. Alles was auch nur danach roch, wurde schön säuberlich ausgeschnitten und in dicke schwarze Ordner geheftet. Gelegentlich führte er sie Bekannten vor – und der Tag war gelaufen.

Im Umgang mit ihnen wurde jede Geste, jedes Wörtchen auf die Goldwaage gelegt. Ein Besucher wurde mit großer Wahrscheinlichkeit am selben Abend angerufen und Mott hielt ihm eine lange Liste an Versäumnissen und Anzeichen mangelnder Wertschätzung vor, bis hin zu »unerhörten Geschmacklosigkeiten« ihm gegenüber. Wenn dem anderen etwas an ihm lag, wand er sich und sah sich gezwungen, sich zu rechtfertigen, bis ihm eine Art Absolution – für das eine Mal – zuteil wurde.

Die zwanghafte Art, mit der er seine Angelegenheiten handhabte und die er auch anderen abverlangte, war gefürchtet. Wenn Margarete ihm Geschäftspapiere auszuhändigen hatte, verbrachte sie die halbe Nacht davor, sie akribisch durchzusehen, um nur kein dubioses Komma oder einen kleinen Fleck am Rande zu übersehen. Alles musste dann neu angefertigt werden, wäre es doch sonst als unmissverständlicher Beleg für die tiefste Verachtung seiner Person ausgelegt worden.

So verbanden sich aufs Trefflichste eine mimosenhafte Empfindlichkeit, wenn es um ihn ging, mit gnadenlosen Umgangsformen, wenn ihm daran lag, andere zurechtzuweisen. Mott konnte dann richtig bösartig sein und Margarete war oft den Tränen nahe. Dann empfand sie wieder großes Mitleid mit dem verbitterten, verhärmten alten Herrn, der an so vielem im Leben vorbeigegangen war. Mehrmals hatte sie gewagt zu sagen: Rudolph, sei doch nicht so. Dann blickte er sie ganz traurig an und sagte: Ich will es doch nicht. Doch meist fing er sich ganz schnell und war, binnen kurzem, ganz der Alte.

Der neue Weg

- Margarete wusste, dass sie Mott, seine Persönlichkeit und seine Umgangsformen nicht sehr stark verändern konnte. Sie hatte auch gar nicht diesen Anspruch. Sie war weder mit ihm verheiratet, noch war sie seine Therapeutin. Nur durch ein verändertes Verhalten ihm gegenüber würde sie seine Reaktionen beeinflussen können, das hatte sie inzwischen gelernt. So macht sie sich ans Werk, in seinem, aber vor allem in ihrem Interesse.
- Einen gewissen Grad an innerer Entlastung erreichte sie allein schon dadurch, dass sie sich bemühte, ihn besser zu verstehen. Sie begann, sein Verhalten in den Zusammenhang seiner Lebensgeschichte zu stellen, um besser nachvollziehen zu können, wie er so geworden war, wie er ist, und warum er heute so unflexibel ist.

  Sie machte sich folgende Gedanken: Die Züge, die mich am meisten an ihm stören und die mir am meisten Mühe bereiten, sind die Tendenzen, alles schwarz zu sehen, an allem herumzunörgeln und sich ständig beleidigt zu fühlen.

  Er war, was seine Jugendträume anbelangte, gescheitert und konnte diesen Gedanken nicht ertragen. Also musste er den Spieß umdrehen, um vor sich selbst bestehen zu können (etwas, was jeder Mensch drin-

gend braucht). So war er ständig darauf aus, nach den Fehlern anderer zu suchen, und hatte keine andere Wahl, als sich in der Rolle eines permanenten Opfers der Mittelmäßigkeit und der Bösartigkeit zu sehen.
Das schien ihr der Schlüssel zu seinem Charakter zu sein. Sie sah ein: Jedes Mal, wenn er mir oder anderen auf die Art zusetzt, will er uns letztlich nichts Böses, sondern er will lediglich sich selbst schützen. Sein Hauptmotiv ist weniger Missachtung anderen gegenüber als das krampfhafte Bemühen, ein Minimum an Selbstachtung aufrecht zu erhalten.
Sie begann für sich, besonders störende Äußerungen Motts in die Sprache zu übersetzen, in der sie ihre wahre Bedeutung erlangten.
Wenn er sagte: »Die Menschen sind dummes Vieh«, so übersetzte sie: »Du bist so enttäuscht davon, dass du nichts besonderes geworden bist.« Schimpfte er: »Du hast die Papiere zu spät los geschickt«, so hieß das für sie: »Deine zwanghafte Genauigkeit ist dein ganzer Stolz, er sei dir gegönnt.« Wenn er sich wiederum beklagte: »Du hast mir bitter Unrecht getan«, so musste sie fast schmunzeln und deutete es als: »Einem Genie tun immer alle Unrecht.«

- Doch das war erst die Vorstufe. Margarete beschloss die Regeln, die bislang ihren gegenseitigen Umgang geprägt hatten, in wesentlichen Punkten zu ändern. Bislang hatte sie sich verpflichtet gefühlt, auf alles einzugehen, was von ihm kam. Damit sollte jetzt Schluss sein. Sie bediente sich des »Prinzips der Löschung«, das sich direkt aus dem »Gesetz des Effektes« ergibt. Wir haben gesehen, wie wir jemanden durch unsere Zuwendung ermuntern können, ein bestimmtes Verhalten öfter zu zeigen. Das Gegenteil ist genauso wirksam: Reagiere ich nicht, wenn einer etwas macht oder sagt, so werde ich feststellen, dass er zuerst vielleicht »noch eines drauf legt«, aber dann langsam und sicher damit aufhört.

So ging Margarete kaum oder gar nicht mehr darauf ein, wenn er Schlechtes oder Abfälliges über Dritte sagte. Sie fing nicht an, darüber mit ihm zu streiten, sondern sie reagierte nicht darauf. Fragte er sie, was sie dazu meine, so erwiderte sie gar nichts. Dann brachte sie ein Thema zur Sprache, das sie interessierte. Sie ignorierte auch kleinliche Vorwürfe wegen Dingen, die ihr unwichtig vorkamen. »Margarete, die Wohnung ist nicht aufgeräumt«, darauf sagte sie bloß: »Mir reicht es«, und war schon bei etwas anderem, statt sich wie früher zu rechtfertigen oder zu entschuldigen.

- Margarete verfolgte, wie wir sehen, im Umgang mit Mott, eine doppelte Strategie. Da sie gelernt hatte, sein Verhalten besser zu verstehen und damit weniger persönlich zu nehmen, konnte sie sich besser davon distanzieren. Sie ignorierte vieles, worüber sie sich vormals oft maßlos aufgeregt hatte. Das allein hätte aber nicht gereicht. Sie wollte ja, aus verschiedenen Gründen, den Kontakt zu ihm aufrechterhalten. So wurde sie aktiv, und lenkte Motts Aufmerksamkeit von seinen »Lieblingsthemen« ab auf solche, die unverfänglich waren. Noch wichtiger aber fand sie es, und das war ehrlich gemeint, ihn mit seinen Stärken und Vorzügen, die er zweifellos besaß, besser ins Spiel zu bringen. Sie sprach Dinge an, die ihn wirklich interessierten, oder Bereiche, für die er kompetent war. Erschien er ihr zu negativ und miesepetrig und war ihr die Angelegenheit wichtig, so sagte sie bloß: Was hast du davon, das so zu sehen? Nimmt es dir nicht jede Freude am Leben? Man kann es auch so und so sehen. Blieb er bei seinem düsteren Standpunkt, so entzog sie ihm dann doch ihre Aufmerksamkeit.

Mott wurde dadurch nicht zu einem von Optimismus strotzenden, liebenswürdigen Zeitgenossen, aber er begann dennoch, zumindest in ihrer Gegenwart, die Dinge etwas differenzierter zu beobachten. Margarete aber, und das war das Wichtigste, hatte sich selber klare Richtlinien im Umgang mit ihm gegeben. Dadurch ersparte sie sich eine große unnütze Kräftevergeudung.

Ein burgenländischer Naiver auf der Fifth Avenue

Ob Sie es glauben oder nicht, er wurde wirklich manchmal »der King« genannt, Margaretes Neffe. Wenn er beim Heurigen in Neudörfl auftauchte, im schneeweißen Mietcabrio, und von seinen nächsten Unternehmungen erzählte, so hielt man ihn gelegentlich für einen Aufschneider, nie aber für einen Spinner oder gar für einen Betrüger, denn das, worüber er berichtete, hatte Hand und Fuß, und alle sollten etwas davon haben. Da war vor allem eines seiner Lieblingsprojekte, eine Galerie in New York, die die große Kunstwelt für den erdigen Charme der burgenländischen Naiven erschließen sollte. Dem Schankwirt hatte er angeboten, dessen edelsten Barriqueblaufränkischen bei der Vernissage anzubieten. Der befasste sich seitdem unentwegt damit, ein neues Etikett zu kreieren, das seine Produkte aus Eigenanbau in der großen Welt der Fifth Avenue würdig in Szene setzen würde. So war der Tschirk Pepi dem Neusiedler Hügelland zwar irgendwie entwachsen, bewegte er sich doch in den Augen seiner Bewunderer, und vor allem in den seinen, in Sphären, die weit über Wiener Neustadt und sogar über die etwas verstaubte, kleinmütige Bundeshauptstadt hinaus reichten. Dabei verleugnete er jedoch keineswegs seine Wurzeln und ließ alle, die flüssig waren, in seine Welteroberungsfeldzüge investieren, von denen wir nur einen beispielhaft genannt haben, und keineswegs den naivsten. Wenn alle um den großen Tisch versammelt waren, den er mit seiner Gefolgschaft bezogen hatte, so ließ er es sich nicht nehmen, das aufgetischte Stück Geselchte eigenhändig mit der Astsäge zu zerteilen, wie es in Margaretes Sippe seit eh und je Brauch war. Dadurch unterstrich er eine Verbundenheit mit Land und Leuten, die die anderen über manch Dubioses an seinem Verhalten ihnen gegenüber hinwegsehen ließ. So blieben die Bande zwischen allen im Großen und Ganzen erhalten, nur die zwischen dem King und Margarete waren nicht mehr so bedingungslos straff, wie sie es hätten sein sollen.

Der Pepi, sehr früh seinen Eltern entfremdet, hatte sich in jungen Jahren, sehr an Margarete gehängt, und sie hatte sich doch sehr um ihn gekümmert. Er besuchte sie oft, verbrachte auch einmal ein Wochenende bei ihr, und am Anfang verstanden sich beide recht gut. Doch allmählich fielen Margarete Züge an ihrem Neffen auf, die sie in zunehmendem Maße nachdenklich machten. Pepi schien schon sehr früh seiner Umwelt kundtun zu wollen, dass er zu etwas höherem bestimmt sei. So forderte er ständig Lebensbedingungen ein, bei denen er ganz im Mittelpunkt stand und die sich um die Einzigartigkeit der eigenen Person herum zu formieren hatten.

Er erinnerte sie manchmal an eine Art Traumtänzer. Er sollte sich eigentlich auf sein Abitur vorbereiten, war aber nicht davon abzubringen, daneben Schauspielunterricht nehmen zu wollen, einen Versand alter Platten zu organisieren, sich als Model zu bewerben und mit einer Agentur aus Rio zu korrespondieren, um Schönheitstänzerinnen an Eisenstädter Nachtlokale zu vermitteln. Er fiel durchs Abitur, gab die Schule auf, wurde weder Schauspieler noch Model, keine braune Schönheit hat je Panonien betreten, noch hat Margarete je etwas von den fünfzigtausend Schilling wieder gesehen, die sie ihm für sein Plattengeschäft vorgestreckt hatte. Dabei waren die Gründe, die zum Scheitern jedes der Unternehmen geführt hatten, genauso einleuchtend wie charakteristisch für die vorübergehenden Hindernisse, die eine übel meinende, neidische Menschheit jungen Genies in den Weg zu stellen weiß. Als er ihr sein nächstes Projekt vorstellte, befand sie sich gerade in einem finanziellen Engpass und wollte sich erst gar nicht die diversen Kostenvoranschläge samt Renditenkalkulationen ansehen. Der Pepi geriet daraufhin in eine Art Identitätskrise und zeigte wochenlang eine Gereiztheit im Umgang mit ihr, die weit über seine schon allen geläufige Ungeduld hinausging, wenn er sich auf seinem Höhenflug durch irgendwelche Kleinkariertheiten behindert sah.

Ich brauche niemanden, ich mache ab jetzt alles ganz allein, verkündete er, blieb zwei Monate weg, kam eines Tages ohne Erklärung wieder und bat Margarete, ihn für einige Zeit bei sich aufzunehmen. Sie fragte nicht nach und ließ ihn in Ruhe. Er muss zu sich finden, dachte sie. Er wird sich schon fangen. Er ist doch ein guter Junge.

Das Zusammenleben mit ihm gestaltete sich wider Erwarten recht schwierig. Da war einmal sein Charakter. Neben seiner sattsam bekannten Anspruchshaltung kristallisierten sich immer mehr zwei Züge heraus. Der eine war Halbherzigkeit, wenn es darum ging, wirklich etwas zu tun, sich Mühe zu geben und die Ärmel aufzukrempeln. Er neigte dazu, solches in der Phantasie zu erledigen, und wollte daraufhin gleich die Früchte seiner Arbeit genießen. Der andere Zug war eine nicht zu verkennende Wehleidigkeit. Seine Widerstandskraft gegen Frustrationen, etwa dann, wenn Margarete nicht nach seiner Pfeife tanzte, hatte offenbar ein kritisches Minimum unterschritten. Da es sich bei einer solchen Angelegenheit für ihn immer um extrem wichtige Dinge handelte, erschienen ihm nur zwei Reaktionen angemessen. Entweder wurde er heftig, ausfallend, ungerecht, ja geradezu böse, oder er brach zusammen und schrumpfte zu einem Häufchen Elend. Dann genoss er wieder für eine Zeit Margaretes Anteilnahme und Fürsorge, da er doch im Kern ein guter Junge war.

Eine weitere Schwierigkeit hatte ihre Wurzeln darin, dass Pepi ein ausgeprägtes Gefühl für seine Rechte zu besitzen schien. Wenn jemand einen Anspruch auf etwas hat, so gibt das ihm das Recht, von anderen etwas zu verlangen, und zwar ohne entsprechende Gegenleistung. Pepi war vom Schicksal her mit Rechten reich bedacht worden und er wusste sie einzuklagen.

So berief er sich, je nach dem, was ihm zu der entsprechenden Angelegenheit am besten zu passen schien, ihr gegenüber abwechselnd auf seine Rechte als junger Mensch, als schon Erwachsener, als Quasi-Waise. Dann wieder auf seine Rechte als Neffe, als Wehrdienstverweigerer, als Braunäugiger, als Fast-Abiturient, als von einem grippalen Infekt Befallener, als jemand, der gestern im Bad Tatzmannsdorf einer alten Dame über die Straße geholfen hatte, als Zukunft der Familie, als ..., genug, Margarete wurde in zunehmendem Maße ärgerlich, wenn er so anfing.

Aus seinen Rechten leitete Pepi unentwegt »inoffizielle Verträge« ab, die darin bestanden, dass alle Rechte auf seiner Seite und alle Pflichten auf Seiten Margaretes waren. Solche Verträge schmuggelte er in alles hinein. Die Zeit verging. Pepi blieb. Die schöpferische Pause nahm beängstigende Ausmaße an. Die Luft zum Atmen für Margarete wurde immer dünner, und das ertrug sie so wenig wie einen halbleeren Kühlschrank.

Der neue Weg

- Die Art, wie Pepi ständig vermeintliche Verträge zu seinem Vorteil und zu ihren Ungunsten in die Welt setzte, auf die er sich dann berufen konnte, hatte Margarete sehr zu denken gegeben. »Ich fahre selten nach Wien«, hatte er eines Tages gemeint, »aber du weißt, wenn ich fahre, musst du mir Geld geben. Das ist doch klar zwischen uns.«
  Margarete war es nicht klar, und sie konnte sich nicht daran erinnern, sich je dazu verpflichtet zu haben. Pepi sah sie nur an, leicht angewidert von so viel Vergesslichkeit und Pflichtversäumnis, dann missbilligend, und schließlich geradezu strafend – bis sie ihm 200 Schilling in die Hand drückte. »Na, siehst du«, hörte sie ihn noch sagen, als er zur Tür hinaus verschwand.
  Er führt einen Zermürbungskrieg mit mir, dachte Margarete. Um zu gewinnen, braucht er nichts anderes zu tun, als sich in Positur werfen, die Stellung zu halten und mich anzustarren, bis ich klein beigebe. Sie beschloss das zu ändern und war bereit, dafür aufs Ganze zu gehen.
- Über soziale Beziehungen las sie Folgendes:
  »Menschen gehen neue soziale Verbindungen ein, weil sie erwarten, dass das lohnend für sie ist, und neigen dazu, sie fortzusetzen, wenn sie erfahren, dass das der Fall ist.«
  Dann kam die entscheidende Sache: »Eine Verbindung bleibt dann länger bestehen, wenn beide Partner aus ihr Nutzen ziehen, und die Kosten, die sie mit sich bringt, den Gewinn nicht wesentlich überschreitet. Wird jemand immer nur durch das Verhalten des anderen gezwungen oder erpresst, ihm Annehmlichkeiten zu liefern, so wird er versuchen müssen das Gleichgewicht wieder herzustellen. Gelingt es ihm nicht, so soll er die Beziehung beenden,

oder aber sein Befinden verschlechtert sich zusehends. Versucht er etwas zu seinen Gunsten zu verändern, so kann dadurch der andere Teil auch lernen, dass befriedigende menschliche Beziehungen nur auf Gegenseitigkeit und auf ›Lastenteilung‹ aufgebaut werden können.«

Damit hatte sie die Basis, auf der sie weiter aufbauen konnte. Sollte er doch etwas lernen, der gute Junge, oder auch nicht.

- Die Verträge zwischen Margarete und Pepi sollten ab dann etwas anders aussehen. Wahre Verträge, klar und deutlich ausgehandelt zwischen beiden. Der Einsatz eines solch recht extremen Mittels war voll gerechtfertigt, um zu retten, was zu retten war.

Margarete fasste noch einmal zusammen. Verträge zwischen Menschen mit dem Ziel, ihre Beziehung besser zu regeln, basieren auf drei Prinzipien:

- Das Erhalten von Hilfe und Gefälligkeiten innerhalb einer Beziehung ist ein Privileg und kein Rechtsanspruch. Niemand kann erwarten, mit »Geschenken« und Zugeständnissen überschüttet zu werden, ohne selber welche zu machen. Wirksame persönliche Übereinkünfte müssen deshalb auf der Norm der Gegenseitigkeit beruhen: Jede Partei hat Rechte, aber auch Pflichten.
- Die Qualität einer sozialen Beziehung hängt von der Menge der gegenseitig ausgetauschten »positiven Zuwendung« jeglicher Art ab. Sozialpsychologische Untersuchungen haben gezeigt, dass die Anziehungskraft, die die Partner einer Beziehung aufeinander ausüben, stark vom Ausmaß des Positiven abhängt, das sie füreinander aufbringen. Wenn jeder Teil bestrebt ist, dem anderen so oft wie möglich positiv gegenüber zu treten, so stellt dies eine Art Investition dar: Er kann mit Recht erwarten, dass der andere genauso mit ihm verfährt.

– Durch auf Übereinkunft basierende Normen werden die Konsequenzen von Verhaltensweisen vorhersehbar. Wenn keine Einigung über die Erwartungen, die man gegenseitig an das Verhalten des anderen stellt, stattgefunden hat, oder wenn diese Erwartungen nicht deutlich genug gemacht werden, dann werden die Konsequenzen des eigenen Verhaltens sehr schwer abschätzbar.

- Die Verträge, die Margarete ab dem Punkt mit Pepi abschloss, bestanden nicht aus schriftlichen Dokumenten, sondern aus mündlichen Übereinkünften, bei denen Margarete die Initiative ergriff. Kost, Logis und eine freundliche Atmosphäre hatte Pepi frei. Dafür brauchte er keine Gegenleistung zu erbringen. Für alles, was darüber hinaus ging, musste er sich sozusagen revanchieren. Wollte er einen bestimmten Betrag als Taschengeld, so wurde genau festgelegt, was er an Haus- und Gartenarbeit dafür zu leisten hatte. Fing er erst gar nicht mit der Arbeit an oder unterbrach sie nach kurzer Zeit, so wurde ihm gnadenlos der Betrag vorenthalten, egal, wie er sich anstellte. Aber es ging nicht nur um Arbeit für Geld. Wenn er ausging und wesentlich später zurückkam, als er selbst angekündigt hatte, so war es die Selbstverständlichkeit, mit der er sich so benahm, die Margarete am meisten störte. »Mit der kann ich alles machen. Ich brauche mich an nichts halten, was ich zugesagt habe, sie wird es schon schlucken.« Wenn er am nächsten Tag wieder einmal Trost und Zuspruch benötigte (und das war, trotz seiner Großspurigkeit, oft der Fall), so sagte Margarete freundlich, aber bestimmt: »Nein, Pepi, heute kann ich mich nicht mit dir beschäftigen. Ich habe genug mit mir zu tun.« Und blieb hart. Am nächsten Tag behandelte sie ihn wieder, als sei nichts gewesen. Auf die Art handhabte sie vieles anders.
  Pepi fing allmählich an zu merken, dass er nicht der

Alleinherrscher war und die Welt ihm nicht zu Füßen lag, nicht einmal Margarete. Einiges lernte er durch ihre neue Konsequenz im Umgang mit ihm, anderes nicht. Sei's drum, sagte sie sich. Wir haben alle Fehler. Aber sie blieb bei ihrer Linie. Nach einiger Zeit regte sie sich kaum noch über ihn auf, wusste sie doch genau, wie sie sich verhalten sollte. Pepi probte gelegentlich noch einmal den Aufstand und blitzte ab. Dann redete er immer häufiger davon, sich bald von ihr »abnabeln« zu wollen und sie unterstütze ihn in seinen Plänen, wenn sie ihr nicht zu irrwitzig vorkamen.
Pepi zog schließlich aus, zu einem »Geschäftspartner« in den zehnten Wiener Gemeindebezirk. Sie wünschte ihm alles Gute und schenkte ihm ein ganz kleines Anfangskapital. In die Galerie in der Fifth Avenue wollte sie nicht investieren, trotz erdigem Charme der Burgenländischen Naiven und versprochener Traumrendite. Bald würde sich der Pepi aufmachen, sehr bald sogar.

Umgang mit sich selbst

Man kann ohne Weiteres auch sich selber gegenüber ein »ermüdender« Mensch sein. Nicht nur andere verunsichern, entmutigen uns und rauben uns dabei die letzte Energie. Wir sind leider sehr wohl in der Lage, das allein zustande zu bringen, fast ohne fremde Hilfe sozusagen. Darum ist es sehr wichtig, sich einmal näher anzusehen, wie wir mit uns selber umgehen sollten, um nicht auch noch von der Seite in Bedrängnis zu geraten. So problemlos ist unser aller Leben nicht, dass wir uns auch das noch leisten können. Denn auf der anderen Seite gibt es durchaus die Möglichkeit sich selber zu stützen, sich Mut zu machen, stärker werden zu lassen, und sich so über mancherlei Schwierigkeiten hinwegzuhelfen. Einige dieser Mittel und Wege möchte ich kurz ansprechen in Form von fünf wichtigen Prinzipien.

Die fünf wichtigsten Prinzipien im Umgang mit sich selbst

Besinnung auf die eigenen Ressourcen

Versöhnung mit den eigenen Fehlern

Nirgends kleben bleiben

Perspektivisch ...

... und gelegentlich galaktisch denken

Besinne dich auf deine Ressourcen

Die Betonung unserer Ressourcen ist in der Psychologie sehr modern geworden. Lange Zeit hat man hauptsächlich danach Ausschau gehalten, was uns unglücklich, ja sogar krank machen kann. Diese einseitige Sichtweise lässt ein einigermaßen düsteres Bild unserer Situation entstehen: Überall lauern Gefahren, die uns aus dem Gleichgewicht bringen oder uns schweren Schaden zufügen können. Die Belastungen des Arbeitslebens, Streitigkeiten in Familie und Partnerschaft sowie Schicksalsschläge jeglicher Art scheinen eine so alltägliche Bedrohung darzustellen, dass man sich mit Fug und mit Recht darüber wundern kann, wieso noch einige einigermaßen seelisch gesunde Menschen durch die Gegend laufen.

Doch glücklicherweise gibt es die andere Seite. Es sind die äußeren und inneren Ressourcen, die wir zur Verfügung haben, um den Stress des Lebens verarbeiten und überleben zu können. Es sind die Widerstandsquellen, über die wir verfügen, um uns nicht unterkriegen zu lassen. Da gibt es einmal die Beziehungen zu bestimmten Menschen, die uns Trost und Kraft geben, wenn sie etwas für uns tun, aber auch dann, wenn wir etwas für sie tun können. Es sind sicherlich auch materielle Dinge, die eine gewisse Sicherheit verleihen. Aber auch Stärken und Talente, Fähigkeiten und Interessen, bis hin zu kleinen Hobbys und Lieblingsbeschäftigungen, die Anregungen und Erholung bieten. Es kann auch ein Glaube sein, ein Ideal, die Liebe zu Pflanzen und Tieren, und die frische Luft, die man gelegentlich noch auf einem schönen Spaziergang einatmen kann. Dann unsere vergangenen Leistungen, die Erinnerung an schwierige Momente, die wir aus eigener Kraft überstanden haben, und nicht zuletzt unsere Pläne, Hoffnungen und Träume.

All das gehört uns ganz persönlich, wir können uns

bei Schwierigkeiten und in angstvollen Momenten darauf besinnen. Ja, manchmal sollten wir geradezu ein Blatt Papier nehmen und all das auflisten, weil wir oft genug wie gebannt auf unsere Belastungen und Sorgen starren und allzu leicht das andere aus den Augen verlieren.

Versöhne dich mit deinen Fehlern

Zur seelischen Gesundheit gehört unbedingt ein gewisses Ausmaß an »Selbstkongruenz«. Das heißt wir müssen einigermaßen in Frieden und in Einklang mit uns selber sein. Das hat nichts mit satter Selbstzufriedenheit zu tun. Es bedeutet auch nicht, dass wir jegliche Selbstkritik beiseite schieben und uns zu Pepis oder noch Schlimmerem zurück entwickeln sollten. Es bedeutet lediglich, dass wir nicht jede Gelegenheit (z.B. wenn etwas schief gegangen ist) dazu missbrauchen, um über uns herzufallen und kein gutes Haar mehr an uns selber zu lassen. Eine sinnlose und ungerechte Selbstzerfleischung hat mit Einsicht und kritischer Reflexion über unsere Person und über unsere Taten nicht mehr das Geringste zu tun. Doch bei vielen schmerzhaften Zuständen, wie bei starken Ängsten oder in der Depression, ist so etwas gang und gäbe und spielt eine wichtige Rolle bei ihrer Entstehung.

Als Menschen sind wir fehlerhaft *und* entschuldbar. Wenn schon andere ein Anrecht darauf haben, dass wir ihnen vergeben, so gilt das erst recht für uns selber. Ich habe vieles falsch gemacht, kann jeder sagen, wenn er auf sein bisheriges Leben zurückblickt. Wenn er es einsieht, umso besser. Wenn es ihm aber nicht aus dem Kopf geht und er es zum Anlass nimmt, sich ständig zu misstrauen, nichts mehr zu riskieren und sich im Vergleich zu anderen hintan zu stellen, so läuft etwas schief.

Auch unsere Schwächen haben eine Geschichte und wir haben sie uns nicht frei ausgewählt. Sie sind ein Produkt der von den Eltern weitergegebenen Begabung und der Lebenseinflüsse, denen wir ausgesetzt waren. Vieles haben wir so mitbekommen. Das bedeutet nicht, dass wir nicht an uns arbeiten sollten: Aber wenn andere hübscher sind, besser Tango tanzen oder mal in der Lage sind, im Vorbeigehen schnell eine Million zu machen und wir nicht – sei's drum. Sind *wir* nicht auch ganz brauchbar und ganz nett?

Bleibe nirgendwo kleben

Es ist schön an etwas zu hängen, Pläne zu haben und sie mit Energie und Ausdauer verwirklichen zu wollen. Aber dennoch: Die letzten Strukturen des menschlichen Lebens tragen eine gewisse Labilität in sich. Sie ist vielleicht ärgerlich, kann aber dennoch nicht geleugnet werden. Man sollte gar nicht erst versuchen, alles Unklare, Eckige oder gar Spitze aus dem Dasein zu verbannen. Es wird nicht gelingen.

Es kommt vor, dass man sich überschätzt, aufs falsche Pferd setzt oder auf Hindernisse stößt, die sich als unüberwindbar erweisen. Es gibt Konflikte zwischen Menschen, Bösartigkeit und Hass. Liebe Menschen, einen Job oder einen Besitz können wir verlieren, aus vielerlei Gründen.

Gelingen wichtige Unternehmungen im Sinne unserer Ziele und Interessen nicht, so erleben wir Misserfolge. Es ist eine neue Lage entstanden, mit der wir umgehen müssen. Menschen haben in einem solchen Fall die Wahl zwischen mehreren Alternativen. Die einfachste ist folgende: Wir versuchen immer wieder, und auf dieselbe Art, doch zum Ziel zu kommen. Wenn sich darin Ausdauer und Hartnäckigkeit beim Verfolgen unserer Anliegen ausdrückt, so ist das erst ein mal eine gute Angelegenheit. Doch wenn ein solches Verhalten über ein bestimmtes Ausmaß hinausgeht, so fängt es an problematisch zu werden und zeigt eine gewisse Unfähigkeit, aus Erfahrung zu lernen. Es kann dabei sehr gut sein, dass wir unsere Möglichkeiten überschätzen oder die Wirklichkeit nicht wahrhaben wollen. In anderen Fällen haben uns unsere Wünsche offensichtlich so verblendet, dass wir nicht mehr umdenken können. Wir wollen dann einfach nicht zur Kenntnis nehmen, dass die Lage, so wie wir sie nun einmal vorfinden, im Moment es nicht erlaubt, auf die von uns gewollte Art zum Ziel zu kommen. Werden wir nicht einsichtiger, so sitzen wir fest. Wir bleiben innerlich an etwas kleben, das sich so nicht realisieren lässt.

Die Weiterentwicklung unseres Lebens ist aufgehalten, wir stehen vor einem Hindernis, das wir nicht zu überwinden vermögen, und erfahren dabei eine zunehmende Erschöpfung unserer Kräfte.

Ein solches Hindernis kann vielerlei Formen annehmen. Wir haben einen Verlust erlitten und kommen nicht darüber hinweg, weil wir an dem Alten fest halten und uns weigern, uns umzuorientieren und nach Neuem umzusehen. Es ist eine Entscheidung fällig, aber wir treffen sie nicht, weil wir hundertprozentig sicher gehen wollen und unter keinen Umständen in Kauf nehmen wollen, etwas dabei zu riskieren. Es gibt einen chronischen Stressfaktor im Leben, wie eine unglücklich verlaufene Beziehung, aber wir unternehmen nichts, weil wir Angst vor dem Unbekannten haben oder ganz einfach vor Veränderungen. In einem Satz: Wir erweisen uns als unfähig zu *verzichten* – und riskieren dabei krank zu werden.

Ein gesunder Mensch erweist sich als flexibel. Er lernt aus den Konsequenzen seines Handelns. Dann verändert er seine Vorgehensweise oder er leistet einen Verzicht, nämlich dann, wenn er einsieht, dass nichts, das ihm zur Verfügung steht, unter den gegebenen Umständen zur Realisierung eines bestimmten Planes führt. Er orientiert sich um, sucht sich neue Ziele und lernt dazu, um beim nächsten Mal besser gewappnet zu sein. Er unterschreitet auf die Art nie einen gewissen Grad an Angepasstheit an die Wirklichkeit. Er behält sich dabei vor allem das Gefühl für die realen Gegebenheiten und für seine Möglichkeiten.

Aktionen hingegen, die ihre Daseinsberechtigung verloren haben, weil sie zu nichts führen, kosten enorm viel Kraft. Sie hindern uns daran, anderes auszuprobieren, und können im schlimmsten Fall das Leben ganz zum Stillstand bringen.

Denke perspektivisch

Es gibt viele Menschen, die besonders in schwierigen Zeiten auf immer wieder dieselben Aspekte ihrer unglücklichen Lage fixiert bleiben. Sie grübeln ständig darüber nach, machen sich und der Welt Vorwürfe – und tun wenig oder gar nichts, um sie zu ändern. In solch einer inneren Situation sind Menschen, die festsitzen, kleben bleiben und nicht verzichten können.

Andere sind wesentlich flexibler, wenn es darum geht, ihre Aufmerksamkeit von ihrer aktuellen Lage abzuziehen und auf das zu richten, was sie, jetzt und in Zukunft, weiter bringen könnte. Nichts gegen das viel zitierte »Hier und Jetzt«. Haben sich die Dinge zufrieden stellend entwickelt, so ist es sinnvoll und Gewinn bringend, nicht gleich weiterhetzen zu wollen, sondern bei dem zu verweilen, was schön und angenehm ist. Aber sich in seiner Unzufriedenheit zu suhlen, ohne den Versuch zu unternehmen, weiterzukommen, ist etwas ganz anderes.

Der Mensch ist in seinem natürlichen Zustand, wenn er nicht dem Stillstand verfallen ist, auch stark auf die Zukunft hin orientiert. Er scheut keine Mühe, wenn er weiß, wozu, und eine realistische Chance sieht, Erfolg zu haben. Er kann auf vieles verzichten, wenn er sich etwas Besseres davon verspricht. Vieles von dem, was ihm in der Gegenwart widerfährt, vermag er in einem ganz anderen Licht zu sehen, wenn er perspektivisch denkt und die Zukunft in seine Überlegungen mit einbezieht.

Unsere Lebensperspektive ist eine komplexe innere Konstruktion, die einen großen Stellenwert bei unserem Handeln und bei unserem Wohlbefinden hat. »Ich kann mir unter meiner Zukunft nichts mehr vorstellen«, »Die Zukunft erlebe ich bloß noch als großes schwarzes Loch«, oder »Ich bin ohne jede Hoffnung, d.h. ich erwarte nichts Positives mehr vom Leben« sind Äußerungen, die für Menschen in einer schweren Lebenskrise typisch sind.

Um motivierend und tragfähig zu sein, muss eine Lebensperspektive eine Reihe von Eigenschaften haben:

- Sie muss auf persönlichen Werten begründet sein.
- Sie muss realistisch sein, d.h. der Leistungsfähigkeit des Betroffenen und den Ressourcen seiner Umwelt Rechnung tragen.
- Sie muss aufgegliedert sein nach kurzfristigen, mittelfristigen und langfristigen Zielen.
- Die zu erreichenden Ziele müssen aktuell innerlich präsent sein, d.h. wir müssen uns innerlich ausreichend damit befassen, damit unsere Wünsche am Leben bleiben und so in der Lage sind, uns weiter zu motivieren und uns Kraft zu geben.
- Das Erreichen der einzelnen Ziele darf so wenig wie möglich davon abhängig sein, dass »die anderen mitspielen«, dass das Glück auf unserer Seite steht usw.
- Die ersten Schritte müssen so gewählt sein, dass sie gleich angegangen werden können.

Wenn wir uns auf die Art mit unserer Zukunft beschäftigen, so sind wir weit ab von Phantasten und Traumtänzern wie Pepi. Es hat auch nichts mit »Verleugnen oder Verdrängen der Wirklichkeit« zu tun. Es trägt lediglich der Tatsache Rechnung, dass Menschen auch in und für die Zukunft leben. Niemand kommt aus ohne Horizonte und ohne Träume.

Hans Magnus Enzensberger gibt einem jungen Mann den ironischen Rat: Lies keine Oden, mein Sohn, lies die Fahrpläne, sie sind genauer.

Wir drehen das einmal um und behaupten, lies nicht nur Fahrpläne, mein Sohn, lies vor allem Oden. Sie bringen dich oft weiter als Züge.

Nimm gelegentlich eine »galaktische Perspektive« ein

Ich meinte oben, wir sollten uns mehr auf die Zukunft ausrichten und an unserer Lebensperspektive arbeiten. Doch dazu gibt es oft eine Voraussetzung. Wir müssen in der Lage sein »loszulassen« und uns von Dingen abwenden, die so glücklich nicht gelaufen sind. Dazu eine weitere kleine Hilfe, um über schwere Stunde hinwegzukommen und um verzichten zu lernen, wenn es schon sein muss. Wie denn?

Man bringe sich in die Position eines Zuschauers, der wie von einem fremden Stern, sozusagen aus einer galaktischen Perspektive, dem leicht zu durchschauenden Treiben zusieht, das die anderen veranstalten. Dabei wird man dann mehr amüsiert als wirklich enttäuscht oder betrübt immer der jeweiligen Angelegenheit etwas müde, aber nie ganz ohne Mitgefühl für die, die »mittendrin stecken«.

Sie haben sich für einen lukrativen und sehr bedeutsamen Posten beworben, der Sie zwölf Stunden am Tag in Atem halten würde, wenn auch mit Dienstwagen und eigenem Sekretariat – und haben ihn nicht bekommen. Nun können Sie für alle Zeiten gekränkt sein, doch Vorsicht, auch Gekränkte können ein langes Leben haben. Gibt es Alternativen? Sicherlich, Sie haben noch viele andere Pläne, und das war keineswegs Ihre letzte Chance.

Doch das ungute Gefühl bleibt und es wurmt Sie immerzu. Es gilt also, erst einmal Abschied zu nehmen. Zuerst eine Art Abkehr von draußen, von dem hektischen Geschehen. Inmitten von all dem wird das Scheitern noch allzu schmerzhaft erlebt. Also zu Beginn eine Rückkehr zu sich selbst – und dann wieder ein Blick ins Getümmel, aber wie aus einer fernen Perspektive.

Da läuft er nun, der Herr Mutz, der den Posten bekommen hat, und regt sich rechtschaffen zwischen Dienstwagen und eigenem Sekretariat hin und her. Vom neuen Standort aus wird er nicht beneidet, geschweige denn gehasst, sondern lediglich beobachtet. Er regt sich immer schneller, da der unter dem er sich regt, seinen Posten seinerseits bald freimachen wird, vermutlich weil er sich zu viel und zu schnell geregt haben wird. Doch so weit ist es noch nicht. Herr Mutz muss sich weiter regen. Er darf sich zwischendurch sogar einmal hinlegen, aber nur um davon zu träumen, dass er sich weiter regt. Das alles scheint in immer weitere Ferne zu rücken … es wird kleiner und kleiner.

Wenn Sie dann doch wieder ins Getümmel zurückmüssen, dann versuchen Sie sich niederzulassen auf halbem Weg zwischen Anteilnahme und Gelassenheit, zwischen Gier und Genügsamkeit.

Hören wir den Prinzen von Homburg (die Regieanweisung von Kleist: Er hängt seinen Hut an die Wand und lässt sich nachlässig auf ein auf dem Boden ausgebreitetes Kissen nieder):

Das Leben nennt der Derwisch eine Reise
Und eine kurze.
Freilich! Von zwei Spannen
Diesseits der Erde nach zwei Spannen drunter.
Ich will auf halbem Weg mich niederlassen!

Von Montaigne lernen

Im Jahre 1585, mit 55 Jahren, reichte Michel de Montaigne, der bis dahin Bürgermeister von Bordeaux gewesen war, seinen Abschied ein, um sich in seine Bibliothek im Turm seines Schlosses zurückzuziehen.

Er verbrachte dort die nächsten acht Jahre bis zu seinem Tod mit seinen Studien. So vollendete er auch sein Lebenswerk, die Essays.

Er verbrachte alle seine Zeit damit, sich selber zu beobachten und zu beschreiben, bis hin zu seinen geheimsten und intimsten Regungen. Er wollte an seinem Beispiel etwas über den Menschen erfahren.

Er fand viel Eitelkeit und Selbstzufriedenheit, aber auch Weisheit, Toleranz, Mitgefühl und einen tiefen Sinn für Freundschaft. Alles in allem schien ihm die menschliche Natur sehr durch Widersprüche und Unstetigkeit geprägt. Aber was war dann das eigentlich Menschliche, das Beste, zu dem er fähig ist? Er suchte lange und zweifelte immer wieder.

Schließlich hatte er es gefunden und schrieb: Das Größte in der Welt ist es zu wissen, dass wir uns selber gehören.

Literatur

Dawkins, Richard: Das egoistische Gen. Springer, Berlin, 1978.

Hoffmann, Nicolas: Zwänge und Depressionen. Springer, Berlin, 1998.

Hoffmann, Nicolas: Zwangshandlungen. Kreuz, Zürich, 1999.

Maslow, Abraham, H.: Motivation und Persönlichkeit, Rowohlt, Reinbek, 1981.

Mummendey, Hans-Dieter: Psychologie der Selbstdarstellung, Verlag für Psychologie, Göttingen, 1990.

Die Gedanken, Methoden und Anregungen in diesem Buch stellen die Meinung beziehungsweise die Erfahrungen des Verfassers dar. Sie wurden vom Autor nach bestem Wissen erstellt und mit größtmöglicher Sorgfalt überprüft. Sie bieten jedoch keinesfalls Ersatz für kompetenten ärztlichen oder therapeutischen Rat. Daher erfolgen Angaben in diesem Buch ohne jegliche Gewährleistung oder Garantie des Verlages oder des Autors. Eine Haftung des Verlages oder des Autors für etwaige Personen-, Sach- oder Vermögensschäden ist ausgeschlossen, es sei denn im Falle grober Fahrlässigkeit.

Die Deutsche Bibliothek-CIP-Einheitsaufnahme
Ein Titeldatensatz für diese Publikation ist bei
Der Deutschen Bibliothek erhältlich

2 3 4 5 04 03 02 01 00

Ein Unternehmen der Dornier Medienholding
http://www.kreuzverlag.de
Umschlaggestaltung: Atelier Reichert, Stuttgart
Umschlagbild: © ZEFA-SIS
Foto: Nishan Akgulian
Satz, Druck und Bindung: Kösel, Kempten
ISBN 3 268 00248 X
Die Schreibweise entspricht den Regeln der neuen Rechtschreibung.